Soûtra de la Liberté inconcevable

Trésors du bouddhisme
Collection dirigée par Patrick Carré

Soûtra de la Liberté inconcevable

Les enseignements de Vimalakîrti

Traduit du chinois
par Patrick Carré

Fayard

Titre original : *Vimalakîrtinirdeshasûtra*

© Librairie Arthème Fayard, 2000.
ISBN : 978-2-213-60646-0

A propos du « Soûtra de Vimalakîrti »

Les Enseignements de Vimalakîrti portent sur la liberté fondamentale de l'homme et de tous les êtres animés. Cette liberté, proprement inconcevable, prend cependant forme dans le présent soûtra, forme à la limite des formes : subtile, immense, étonnante – insaisissable. L'éloquence parfaite, le jeu des prodiges et la connaissance de la vacuité universelle tissent pour les sens et la raison, mais plus encore pour l'au-delà des sens et de la raison, un pur filet de compassion indéfectible rendant inévitable le retour à l'évidence – l'évidence de cette liberté qui nous fonde et dont la théorie, informulable, s'offre pourtant dans l'infinie lumière de ce qui, naguère solide, consistant, voire « réel », est pris de tremblements et s'atomise : l'infinie lumière, en fait, de ce qui poursuit l'infini de son essentielle liberté claire-et-vide.

Vimalakîrti, qui est littéralement un « être au

renom (*kîrti*) de pureté (*vimala*) », n'a absolument rien d'une « personne », et moins encore d'un « personnage » : grand bodhisattva, il incarne et prouve l'impossibilité du soi, du moi et de toutes les fictions égoïstes ; sa vie, consacrée à « sauver l'homme », à « sauver l'Autre », démontre et défait la petitesse naïve des vies mal envisagées, des contre-vies. Sa parole est la parole du Bouddha, ou plutôt, elle est le Dharma lui-même, le Réel et la vérité du Réel, car, ainsi qu'on pourra le lire au chapitre V du soûtra, « atteindre l'Éveil du Bouddha, faire tourner la roue des enseignements et entrer en nirvâna sans renoncer à la voie des bodhisattvas, c'est la pratique du bodhisattva ».

Voici donc une nouvelle traduction française de ce texte « profond et vaste », « subtil et merveilleux », où la « racine de tout » s'offre dans ses branches, ses rameaux et ses fruits les plus choisis. J'oserais, traducteur émerveillé, parler de purs éclats de diamant indestructible plutôt que de mots et de phrases si le lecteur voulait, dans ce « texte sacré », voir aussi une œuvre littéraire, une manière de roman poético-philosophique aux mille rebondissements chargés de montrer, d'inspirer, de transmettre l'inconcevable et la liberté qui couronne l'inconcevable.

Le *Soûtra des Enseignements de Vimalakîrti* appartient à la bibliothèque du Grand Véhicule ; composé en sanskrit, nous n'en possédons plus, dans les grandes langues canoniques du bouddhisme, que les versions chinoises et tibétaines. Le texte a été traduit pour la première fois en chinois au cours du IIIᵉ siècle de notre ère par le moine indo-scythe Zhiqian. Ensuite, lors de l'été 406 exactement, le grand traducteur koutchéen Kumârajîva en exécuta la traduction chinoise la plus célèbre. Enfin, en 650, le célèbre, l'«omniscient» Xuanzang fit imprimer sa traduction détaillée du texte : voilà pour les grandes traductions chinoises. Au Tibet, ce n'est que vers les années 800-825 que Chönyi Tsulthrim produisit la grande version tibétaine du texte d'après un manuscrit sanskrit fort semblable à l'original utilisé par Xuanzang.

Tout cela est abondamment expliqué dans le remarquable ouvrage d'Étienne Lamotte, un chef-d'œuvre en son genre[1] : précédée d'une copieuse introduction et suivie d'appendices des plus fournis, cette grande traduction française suit au plus près la version tibétaine de Chönyi Tsulthrim, la met en parallèle, lorsqu'il se doit, avec celle de Xuanzang et, parfois, la compare en note avec celle de Kumârajîva. Chaque terme technique est suivi entre parenthèses de son équivalent sanskrit, cité ou reconstitué. Bref, on se trouve en présence d'une somme bouddhologique littéralement bouleversante où, malgré tout, il est parfois difficile de se retrouver.

Les deux versions anglaises les plus courantes de ce soûtra sont dues à Charles Luk (à partir du chi-

---

1. Étienne Lamotte, *L'Enseignement de Vimalakîrti (Vimalakîrti-nirdesha)*, traduction et annotations, université de Louvain, «Bibliothèque du Museon», vol. 51, 1962.

nois de Kumârajîva) et, plus récemment, à Robert Thurman, éminent tibétologue s'étant repenché sur le texte tibétain : ici, le souci des traducteurs est le sens pratique, la voie qu'indique ce texte foisonnant et clair[1].

C'est dans le même esprit que j'ai l'honneur de présenter ici la première traduction française intégrale de la version chinoise de Kumârajîva, traducteur immense dont la réputation n'est plus à faire. La version du texte ici traduite correspond à T 457[2] et se conforme à la ponctuation et à l'interprétation à la fois concordantes et différentes qui apparaissent dans les commentaires de Sengzhao, proche disciple du traducteur et «fondateur» de l'école de la Voie médiane en Chine, et de Huiyuan, ami du traducteur et «fondateur» de l'école de la Terre pure.

Ma plus grande source d'inspiration, toutefois, demeure l'ensemble des instructions et explications sur le Grand Véhicule que j'ai reçues de mes maîtres tibétains, grands amis du bodhisattva Mañjushrî auxquels j'aimerais, idéalement, rendre l'hommage de la «vue correcte» : puissent-ils prendre en patience les erreurs qui n'auront pas manqué de se glisser dans mon travail!

1. Charles Luk, *The Vimalakirti Nirdesa Sutra*, traduit et édité par C. L., Shambhala, «The Clear Light Series», Berkeley et Londres, 1972. Robert A. F. Thurman, *The Holy Teaching of Vimalakîrti, a Mahâyâna Scripture*, Motilal Banarsidass, Delhi, 1976.

2. *Weimojie suo shuo jing*, en 3 *juan*, *Dazangjing*, vol. XIV, p. 537-557.

La traduction est suivie d'un court glossaire regroupant les «intraduisibles» et justifiant certains choix terminologiques. Pour être bien compris, ce texte, comme tous les soûtras du Grand Véhicule, requiert maintes explications que l'on trouvera, entre autres, dans la traduction à venir du commentaire compilé par Sengzhao.

Sarvamangalam : bonne fortune et chance à venir !

Chapitre premier

Les royaumes de bouddha

Hommage à tous les bouddhas et les bodhisattvas !

Ainsi ai-je entendu : en ce temps-là, le Bouddha se trouvait à Vaishâlî, dans le parc d'Âmrapâlî, en compagnie de huit mille grands moines mendiants et trente-deux mille bodhisattvas. Ces derniers étaient les amis spirituels de tous, car ils avaient accompli toutes les pratiques fondamentales de la grande sagesse ; institués par l'imposante divinité des bouddhas, ils défendaient la cité du Dharma dont ils avaient reçu les enseignements authentiques pour en être les dépositaires.

Ils pouvaient rugir comme des lions et leurs noms résonnaient aux dix vents de l'espace.

Sans que nul ne les en eût priés, ils avaient lié amitié avec chacun pour lui apporter la paix.

Ils perpétuaient les Trois Joyaux en les magnifiant pour que jamais ils ne s'éclipsent.

Exorcistes de Mâra l'ennemi, ils maîtrisaient les voies extérieures.

Parfaitement purs, ils s'étaient à jamais dégagés des épaisseurs et des liens.

Leur esprit demeurait constamment dans la paix de la liberté où rien ne fait obstacle.

Leur attention, leur concentration, leur parfaite maîtrise et leur éloquence ignoraient le répit.

Générosité, discipline, patience, persévérance, concentration et connaissance, de même que méthodes et force : il n'était aucune de ces vertus qu'ils ne possédassent dans toute sa perfection.

Ils avaient trouvé l'introuvable, la patience à l'égard de l'irréalité de toute production, et ils pouvaient faire harmonieusement tourner la roue du Réel irrévocable ; habiles à expliquer l'apparence des choses, ils connaissaient les facultés de tous les êtres et, loin au-dessus des plus grandes communautés, ils ne craignaient plus rien.

Mérites et sagesse pour raffiner leur esprit ; marques de beauté majeures et mineures pour les parer de majesté : par l'apparence aussi ils étaient les premiers. Ils avaient renoncé à tout ornement mondain, et leur renom dépassait par la hauteur et l'étendue le mont Meru lui-même. Leur foi profonde était indestructible comme le diamant.

Le joyau de la Méthode répandait sa clarté et il pleuvait de l'ambroisie, puisque, en matière de parole et de langue, ils avaient la primeur du subtil et du merveilleux.

Absorbés dans la production interdépendante, ils

avaient aboli toutes les opinions philosophiques, et ils n'avaient plus la moindre propension à croire aux extrêmes de l'être et du néant.

Sans peur, ils prêchaient le Réel ainsi que des lions rugissants ; ce qu'ils enseignaient tout ébranlait comme le tonnerre : sans mesure, ils dépassaient toute mesure.

Ils recueillaient tous les joyaux de la Méthode, ainsi que des capitaines sur la mer. Ils avaient compris et pénétraient le sens profond et merveilleux de toutes choses. Ils connaissaient parfaitement la provenance et la destination de chacun des êtres, de même que ses activités mentales.

Ils étaient proches de l'inégalée bouddhéité parfaite, de ses libertés, de ses connaissances, de ses dix forces, de ses intrépidités et de ses dix-huit qualités exclusives.

Ils avaient fermé les portes des mauvaises renaissances, mais ils renaissaient dans les cinq destinées pour manifester leurs corps. C'étaient de grands rois médecins capables de guérir toutes les maladies : selon le mal, ils préconisaient la médecine de telle ou telle pratique.

Ils avaient accompli d'incalculables mérites, orné et purifié d'innombrables terres de bouddha. En les voyant et les entendant, nul n'était sans profit. De tout ce qu'ils faisaient, rien non plus n'offensait personne en vain. Ainsi possédaient-ils toutes les qualités.

On aurait pu nommer le bodhisattva Qui Contemple l'Égalité, le bodhisattva Qui Contemple les Différences, le bodhisattva Qui Contemple l'Égalité et les Différences, le bodhisattva Roi Seigneur du Recueillement, le bodhisattva Roi Seigneur des Enseignements, le bodhisattva Apparence des Choses, le bodhisattva Apparence de Lumière, le bodhisattva Parures de Lumière, le bodhisattva Grandes Parures, le bodhisattva Montagne de Joyaux, le bodhisattva Montagne d'Éloquence, le bodhisattva Mains de Joyaux, le bodhisattva Mains Scellées de Joyaux, le bodhisattva Qui Toujours Lève les Bras, le bodhisattva Qui Toujours Tend les Mains, le bodhisattva Qui Pleure Constamment, le bodhisattva Facultés Joyeuses, le bodhisattva Roi de Joie, le bodhisattva Dialecticien, le bodhisattva Réservoir de l'Espace, le bodhisattva Qui Brandit une Lampe de Joyaux, le bodhisattva Précieux Héros, le bodhisattva Précieuses Visions, le bodhisattva Filet d'Indra, le bodhisattva Filet de Lumière, le bodhisattva Contemplation Sans Objet, le bodhisattva Montagne de Connaissances, le bodhisattva Précieuse Victoire, le bodhisattva Roi des Dieux, le bodhisattva Destructeur des Démons, le bodhisattva Vertu de l'Éclair, le bodhisattva Roi Souverain, le bodhisattva Parure des Mérites, le bodhisattva Rugissement du Lion, le bodhisattva Grondement du Tonnerre, le bodhisattva Fracas des Monts qui S'Entrechoquent, le bodhisattva Éléphant Parfumé, le bodhisattva Éléphant Blanc Parfumé, le bodhisattva Toujours Courageux, le bodhisattva Sans Repos, le bodhisattva Naissance Merveilleuse, le bodhisattva Ornementation Fleurie, le bodhisattva

Qui Regarde les Bruits du Monde, le bodhisattva Gagné d'une Grande Force, le bodhisattva Filet de Brahmâ, le bodhisattva Précieux Bâton, le bodhisattva Invaincu, le bodhisattva Terre Ornée, le bodhisattva Chignon d'Or, le bodhisattva Chignon de Perles, le bodhisattva Maitreya et le bodhisattva Mañjushrî, prince mystique... Bref, ils étaient trente-deux mille en tout.

Par ailleurs, il y avait là dix mille Shikhins, seigneurs des dieux Brahmâs, qui étaient tous venus des autres mondes pour écouter les enseignements du Bouddha. Et il y avait douze mille Indras, ces empereurs célestes, qui étaient venus des autres mondes pour prendre place dans l'assemblée. De même, les grandes déités majestueuses et puissantes comme les nâgas, les esprits, les yakshas, les gandharvas, les asuras, les garudas, les kinnaras et les mahoragas s'étaient joints à l'assemblée. Les moines, les nonnes et les adeptes laïcs des deux sexes avaient fait de même.

Pour lors, le Bouddha, entouré et circumambulé avec vénération par la foule de centaines et de milliers auxquels il allait enseigner le Réel, était comparable au souverain mont Sumeru qui se dresse au centre de l'océan : campé tout à l'aise sur un trône de lions fait de toutes les matières précieuses, il dominait l'immense foule de ceux qui étaient accourus.

En ce temps-là, il y avait dans la ville de Vaishâlî un jeune noble du nom de Montagne de Joyaux qui, accompagné de cinq cents jeunes nobles chargés de précieux parasols sertis d'or et d'argent, piqués de lapis-lazuli et incrustés de nacre, de perles et de mica noir, se rendit auprès du Bouddha. Il plaça sa tête sous les pieds du Seigneur pour lui rendre hommage et, ses compagnons et lui, chacun offrit son parasol au Bouddha. Par quelque imposante magie, le Bouddha réunit tous les précieux parasols en un seul parasol recouvrant un univers d'un milliard de mondes ; et les vastes immensités de cet univers apparaissaient complètement sous le parasol.

Cet univers d'un milliard de mondes, avec ses monts Sumeru, ses Neiges éternelles, ses monts Mucilinda et Mahâmucilinda, ses monts Fragrants, ses monts Précieux, ses montagnes d'Or, ses montagnes Noires, ses monts de Fer périphériques, ses Grandes Montagnes périphériques toutes en fer aussi, ses océans et ses fleuves, ses ruisseaux et ses sources, ses soleils et ses lunes, ses étoiles et toutes ses constellations, les palais de ses dieux, les palais de ses dragons, les palais de tous ses vénérables esprits : tout cela était visible sous le précieux parasol. Et tous les bouddhas des dix horizons, toutes les réalités expliquées par les bouddhas apparurent aussi sous le précieux parasol.

Alors, au vu de la divine puissance du Bouddha, les grandes congrégations s'écrièrent toutes que c'était là un prodige inouï. Les mains jointes, chacun rendait hommage au Bouddha, le regard levé sur son vénérable visage sans le quitter des yeux un seul instant.

Le jeune noble Montagne de Joyaux se tenait devant le Bouddha, et de ces stances il lui rendit hommage :

    Vos yeux sont purs, effilés et vastes comme des lotus bleus ;
    Votre esprit est pur : il a traversé tous les recueillements.
    Vous avez accumulé de pures actions pendant si longtemps qu'on les dit démesurées.
    Vous guidez la foule vers la paix, et pour cela je vous rends hommage !

    Nous venons de voir le grand être sublime recourir aux métamorphoses magiques
    Pour manifester toutes les immensurables terres des dix vents de l'espace.
    Tous les bouddhas qui s'y trouvent et les réalités qu'ils enseignent
    Sont visibles et audibles absolument tous.

    Souverain mystique dont la force mystique dépasse la foule des êtres animés,
    Vous puisez toujours dans le trésor des richesses mystiques pour les prodiguer à chacun.
    Expert à distinguer les caractères de chaque phénomène,
    Vous ne déviez jamais de la vérité absolue.

    De toute chose vous avez gagné la maîtrise,

Et je ne puis que m'incliner devant vous, ô Souverain du Réel !

Vous enseignez que les phénomènes ne sont ni existants ni inexistants,
Qu'ils se produisent tous à partir de certaines causes dans certaines circonstances ;
Il n'y a pas de moi, pas de karma, et pas d'entité qui en subisse les effets,
Mais les actes bons et les actes mauvais ne se perdent pas non plus.

D'abord, sous l'arbre de l'Éveil, vous avez eu la force de vaincre Mâra,
Puis vous avez atteint l'Extinction, cette ambroisie, en vous éveillant dans un éveil parfait.
Vous n'avez plus de pensées discriminantes, vous n'éprouvez plus de sensations,
Mais vous défaites et soumettez toutes les voies extérieures.

À trois reprises, vous avez fait tourner la roue des enseignements dans notre milliard de mondes,
Et cette roue, dès l'origine, est toujours pure :
Pour preuve, des hommes et des dieux ont atteint l'Éveil,
Puis les Trois Joyaux sont apparus dans le monde.

Ce Dharma merveilleux vous permet de sauver tous les êtres :
Dès qu'ils le reçoivent, ils ne régressent plus et restent constamment dans la paix.
Vous nous guérissez du vieillissement, de la maladie et de la mort, ô grand roi des médecins :
Il ne nous reste qu'à rendre hommage, ô océan de vérité, à l'infini de vos mérites !

Mépris et renom ne vous émeuvent point, vous êtes comme le mont Sumeru ;
Avec les bons et les mauvais, vous êtes également bienveillant,
Et votre activité spirituelle est égalité à l'image de l'espace vide.
Qui, oyant le plus précieux des hommes, ne l'écouterait avec adoration ?

À présent, j'admire, ô Vénéré du monde, que sous ce minuscule parasol
Vous nous ayez montré un milliard d'univers,
Les palais où vivent les dieux, les dragons et les esprits,
Les gandharvas et les yakshas.

Nous avons bel et bien vu tout ce qui existe dans ces univers.
Être aux dix forces, vous avez eu la compassion de manifester cette métamorphose magique ;

La foule a vu quelque chose d'inouï et tous chantent leur admiration pour le Bouddha.

Maintenant, nous vous rendons hommage, ô vénérable des trois mondes!

Sublime et grand roi de vérité, ô refuge universel!

L'esprit pur, contempler le Bouddha, il n'est personne que cela ne comble de joie

Et chacun de nous peut voir le Vénéré du monde en face de lui :

Voilà une qualité exclusive de vos pouvoirs magiques.

Le Bouddha ne recourt qu'à un seul son pour expliquer le Réel,

Et tous les êtres animés, chacun selon son espèce, en acquièrent la compréhension :

Tous ils proclament que le Vénéré du monde parle leur langue ;

Et cela, c'est une particularité exclusive de vos pouvoirs magiques.

Le Bouddha n'use que d'un son pour expliquer une méthode

Et chaque être animé le comprend selon ses facultés.

Tous peuvent recevoir les pratiques garantissant le bien de chacun :

Voilà une autre particularité exclusive de vos pouvoirs magiques.

Le Bouddha n'use que d'un son pour expliquer le Réel
Et certains ont peur de ce son, certains exultent de joie,
Certains sont pris de dégoût, et d'autres résolvent leurs doutes :
Voilà encore l'une des particularités exclusives de vos pouvoirs magiques.

Hommage à vous dont les dix forces font le grand courage !
Hommage à vous qui avez atteint l'impavidité !
Hommage à vous qui demeurez dans les réalités exclusives aux Éveillés !
Hommage à vous, grand maître et guide universel !

Hommage à vous qui tranchez toute entrave et tout lien !
Hommage à vous qui avez atteint l'autre rive !
Hommage à vous, sauveur de tous les mondes !
Hommage à vous qui avez pour toujours quitté les voies de la naissance et de la mort !

Vous connaissez toutes les allées et venues de chacun des êtres animés ;
Vous excellez à trouver la liberté en chaque phénomène.

Détaché du monde comme la fleur de lotus,
Vous agissez toujours dans la paix du vide.

Faisant corps avec tout, plus rien ne vous fait obstacle :
Hommage à vous qui, comme l'espace vide, ne reposez sur rien !

Quand il eut prononcé ces stances, le jeune noble Montagne de Joyaux demanda au Bouddha :
— Vénéré du monde, les cinq cents jeunes nobles que voici ont déjà engendré l'esprit de l'insurpassable Éveil authentique et parfait, et ils aimeraient que vous leur enseigniez comment le bodhisattva parvient à la toute-pureté des royaumes et des terres de bouddha.
» Ô Vénéré du monde, pourriez-vous nous expliquer les pratiques des bodhisattvas qui purifient leurs terres ?
— Montagne de Joyaux, dit le Bouddha, il est bon que tu puisses, au nom de tous les bodhisattvas, m'interroger sur la pratique des terres pures des tathâgatas. Écoutez bien, écoutez bien ! Réfléchissez bien et portez toute votre attention à ce que je vais vous dire !
Alors, Montagne de Joyaux et les cinq cents jeunes nobles écoutèrent les enseignements de l'Éveillé :

Ô Montagne de Joyaux, les êtres animés dans leur ensemble, voilà la terre de bouddha du bodhisattva.

Pourquoi ? Parce que c'est en fonction des êtres animés qu'il transforme que le bodhisattva adopte une terre de bouddha ; en fonction des êtres animés qu'il dompte qu'il adopte une terre de bouddha ; en fonction des royaumes où les êtres doivent renaître pour accéder à la sagesse des bouddhas qu'il adopte une terre de bouddha ; et en fonction des royaumes où chacun doit renaître pour acquérir des qualités de bodhisattva qu'il adopte une terre de bouddha.

En effet, quand le bodhisattva adopte un pur royaume, c'est toujours pour œuvrer au bien de tous les êtres animés. Voyez l'exemple de cet homme qui voulait ériger un palais en l'air : l'espace était libre à souhait mais, dans la vacuité de l'espace, il se révéla incapable de réaliser son projet. De même est-ce pour l'accomplissement des êtres animés que le bodhisattva veut conquérir un royaume de bouddha. Or celui qui veut conquérir un royaume de bouddha n'œuvre pas dans le vide.

Ô Montagne de Joyaux, comprends bien ceci :

La droiture d'esprit est la terre pure du bodhisattva : quand le bodhisattva devient bouddha, les êtres sans flatterie viennent renaître en son royaume.

L'aspiration profonde est la terre pure du bodhisattva : quand le bodhisattva devient bouddha, les êtres animés en possession de tous les mérites viennent renaître en son royaume.

L'esprit du Grand Véhicule est la terre pure du bodhisattva : quand le bodhisattva devient bouddha, les êtres animés par le Grand Véhicule viennent renaître en son royaume.

La générosité est la terre pure du bodhisattva : quand le bodhisattva devient bouddha, les êtres animés capables de renoncer à tout viennent renaître en son royaume.

Le respect de la discipline est la terre pure du bodhisattva : quand le bodhisattva devient bouddha, les êtres qui ont réalisé leurs vœux en respectant les dix vertus viennent renaître en son royaume.

La patience est la terre pure du bodhisattva : quand le bodhisattva devient bouddha, les êtres que parent les trente-deux marques de la beauté suprême viennent renaître en son royaume.

La persévérance est la terre pure du bodhisattva : quand le bodhisattva devient bouddha, les êtres qui ont fait l'effort de cultiver tous les mérites viennent renaître en son royaume.

La concentration est la terre pure du bodhisattva : quand le bodhisattva devient bouddha, les êtres qui ramènent leur esprit et l'affranchissent de la dispersion viennent renaître en son royaume.

La connaissance transcendante est la terre pure du bodhisattva : quand le bodhisattva devient bouddha, les êtres au jugement sain viennent renaître en son royaume.

La bienveillance, la compassion, la joie et l'équanimité immensurables forment la terre pure du bodhisattva : quand le bodhisattva devient bouddha, les êtres qui maîtrisent ces quatre sentiments par-delà toute mesure viennent renaître en son royaume.

Les quatre attraits, voilà la terre pure du bodhisattva : quand le bodhisattva devient bouddha, les êtres animés que ses libertés ont captivés viennent renaître en son royaume.

Les méthodes expédientes sont la terre pure du bodhisattva : quand le bodhisattva devient bouddha, les êtres dont les méthodes habiles agissent sur toute chose sans le moindre obstacle viennent renaître en son royaume.

Les trente-sept auxiliaires de l'Éveil sont la terre pure du bodhisattva : quand le bodhisattva devient bouddha, les êtres qui maîtrisent les fixations de l'attention, les efforts corrects, les bases des pouvoirs miraculeux, les facultés spirituelles, les forces, les sept membres de l'Éveil et l'octuple sentier viennent renaître en son royaume.

La dédicace des mérites est la terre pure du bodhisattva : quand le bodhisattva devient bouddha, il gagne un royaume et une terre pourvus de tous les mérites.

Enseigner la suppression des huit difficultés, voilà la terre pure du bodhisattva : quand le bodhisattva devient bouddha, les trois sphères inférieures n'existent pas en son royaume et sa terre, ni aucune des huit difficultés.

Respecter la discipline soi-même sans blâmer autrui pour ses fautes, voilà la terre pure du bodhisattva : quand le bodhisattva devient bouddha, dans son royaume et sa terre, l'expression « violer un interdit » n'a aucun sens.

Les dix actes vertueux sont la terre pure du bodhisattva : quand le bodhisattva devient bouddha, les êtres qui viennent renaître en son royaume ignorent la mort précoce ; ils sont extrêmement riches et restent chastes ; ils sont sincères et disent la vérité ; toujours ils parlent de façon conciliante ; les parents et les proches ne se séparent point ou facilement se réconcilient quand il a fallu disputer ; leurs paroles sont utiles et nécessaires ; ils ne sont pas jaloux, ne cherchent pas à nuire et leurs vues sont correctes.

Ainsi, Montagne de Joyaux, dès que son esprit acquiert une parfaite droiture, le bodhisattva peut se mettre en route ; comme il s'est mis en route, il parvient à l'aspiration profonde ; dans l'aspiration profonde, il dompte sa pensée ; sa pensée domptée, il pratique les enseignements. Comme il pratique les enseignements, il peut dédier ses mérites aux autres ; en dédiant ses mérites, il détient les méthodes habiles ; grâce aux méthodes habiles, il mène les êtres à l'accomplissement ; comme il a mené les êtres à l'accomplissement, les terres de bouddha sont pures. Quand les terres de bouddha sont pures, l'enseignement du Réel est pur ; quand l'enseignement du Réel est pur, sagesse et connaissance sont pures ; quand sagesse et connaissance sont pures, l'esprit est pur ; et quand l'esprit est pur, tous les mérites sont purs.

En conséquence, Montagne de Joyaux, le bodhisattva qui veut conquérir une terre pure doit purifier son esprit : quand son esprit est pur, sa terre de bouddha est pure.

Alors précisément, béni par une imposante magie du Bouddha, Shâriputra eut cette pensée : S'il suffit que l'esprit du bodhisattva soit pur pour que sa terre de bouddha soit pure, eh bien, lorsque le Vénéré de notre monde était encore un bodhisattva, aurait-il eu des pensées impures ? Car cette terre de bouddha-ci n'est pas pure.
Connaissant sa pensée, le Bouddha s'adressa à Shâriputra.
— À votre avis, lui demanda-t-il, est-ce parce que le soleil et la lune ne sont pas purs que les aveugles ne les voient pas ?
— Non, Vénéré du monde. La faute revient à l'aveugle : le soleil et la lune ne sont pas coupables.
— Ô Shâriputra, c'est la faute des êtres s'ils ne voient pas combien le royaume de bouddha de l'Ainsi-Venu, de même que tous ses ornements, sont purs : le Tathâgata n'est pas coupable. Ô Shâriputra, ma terre est pure mais vous ne le voyez pas.
Alors Chignon Spiralé, le roi des dieux de Chasteté, s'adressa à Shâriputra :
— N'allez point penser que cette terre de bouddha n'est pas pure ! Pourquoi ? Eh bien, moi-même je perçois la pureté de la terre du bouddha Shâkyamuni comme, par exemple, la pureté des demeures célestes des dieux Souverains.

— Moi, dit Shâriputra, je vois une terre avec des reliefs, des ravins, des épines, des sables et des gravillons, bref, des montagnes de terre et de roche qui tout comblent de leur méchante souillure !

— C'est votre esprit, vénérable, qui a des hauts et des bas ! s'écria Chignon Spiralé, le roi des dieux de Chasteté. Vous n'usez pas de la transcendante connaissance des bouddhas, et c'est uniquement pour cela que cette terre vous semble impure !

» Ô Shâriputra, le bodhisattva est totalement impartial avec tous les êtres animés. La profondeur de son aspiration puise son extrême pureté dans la sagesse des bouddhas, et cela lui permet de voir la pureté de cette terre de bouddha.

Au même instant, le Bouddha pressa un orteil sur le sol. Aussitôt, notre univers d'un milliard de mondes se para de précieux ornements par centaines et par milliers : on se serait cru sur la terre Précieux Ornements des Mérites Démesurés du bouddha Précieux Ornements. Chacun, dans l'immense assemblée, cria merveilles, et chacun se retrouva assis sur une fleur de lotus en matières précieuses.

— Ô Shâriputra, dit le Bouddha, contemplez un instant la pureté de cette terre de bouddha dans toute sa splendeur !

— Oui, Vénéré du monde. Ce que je ne voyais pas, ce que je n'entendais point, la grandiose pureté du royaume et de la terre du Bouddha, tout cela m'apparaît sans voile.

– Mon royaume de bouddha, ô Shâriputra, est toujours pur comme à cet instant. C'est seulement parce que je veux libérer les êtres vils que je manifeste cette terre impure avec tous ses maux.

» Les dieux mangent au même plat de pierreries, mais la couleur de ce qu'ils mangent est fonction de leurs mérites individuels. De la même manière, ô Shâriputra, l'homme qui a l'esprit pur voit les mérites qui parent cette terre avec autant de splendeur.

Pendant que le Bouddha manifestait la splendide pureté de sa terre, les cinq cents jeunes nobles que Montagne de Joyaux avait amenés gagnèrent la patience à l'égard du néant de la naissance et quatre-vingt-quatre mille êtres humains engendrèrent l'esprit de l'insurpassable Éveil authentique et parfait.

Le Bouddha ramena son pied divin et le monde reprit son aspect antérieur.

Trente-deux mille dieux et êtres humains qui aspiraient au véhicule des Auditeurs prirent alors conscience de l'impermanence de tous les conditionnés ; ils s'écartèrent des souillures et parvinrent à la pureté de l'œil du Réel. Huit mille moines se détachèrent des choses : leurs souillures s'épuisèrent et leur pensée se libéra.

Chapitre II

Les méthodes habiles

En ce temps-là, il y avait dans la cité de Vaishâlî un maître de maison du nom de Vimalakîrti qui avait autrefois honoré d'innombrables bouddhas et planté de profondes racines de bien. Il avait gagné la patience à l'égard du néant de la naissance et son éloquence ignorait tous les obstacles. Les pouvoirs magiques lui étaient un jeu et il possédait les formules de la mémoire parfaite. Maître des intrépidités du bodhisattva, il avait soumis Mâra, l'ennemi, l'importun. Absorbé dans les profondeurs du Réel, il excellait en connaissance transcendante et jouait de tous les expédients salvifiques. Ses grands vœux s'étant tous réalisés, il connaissait distinctement les dispositions spirituelles de chaque être et, dans ces qualités, distinguait les plus aiguës. Sa longue fréquentation de l'Éveil des bouddhas avait entièrement purifié son esprit et il s'était décidé pour le Grand Véhicule. Ayant une idée juste et claire de chacun de ses actes, il avait adopté le majestueux maintien des Éveillés et son cœur était vaste comme l'océan. Tous les bouddhas lui signifiaient leur admiration ; les Auditeurs, les Indras, les Brahmâs et les souverains universels le vénéraient tous. Mais c'est pour sauver l'homme que, excellant en méthodes habiles, Vimalakîrti habitait Vaishâlî.

Il disposait d'insondables richesses pour captiver les déshérités. Il observait les préceptes dans toute leur pureté pour captiver ceux qui violent les interdits. Il tempérait ses actes avec patience pour captiver les haineux, les colériques. Il déployait un grand courage pour captiver les paresseux. Unifié, son esprit s'éteignait dans les concentrations pour captiver les hommes aux pensées confuses. Et les décisions de sa sagesse lui permettaient de captiver les ignorants.

Ce n'était qu'un laïc vêtu de blanc, mais il observait dûment la règle de pureté des novices. Il vivait dans une maison, mais n'éprouvait d'attachement pour aucun des trois mondes. Il se montrait avec femme et enfants, mais s'astreignait à la chasteté. Il apparaissait entouré de ses gens mais jouissait toujours des plus lointaines solitudes. Il arborait de précieux ornements, mais son corps se parait en fait de toutes les marques de beauté des grands êtres. De même prenait-il nourriture et boisson, mais la saveur, il la trouvait dans les délices du recueillement. Et s'il fréquentait les maisons de jeu, c'était exclusivement pour sauver l'homme. Il acceptait toutes les voies non bouddhistes sans dénaturer la vraie foi. Il connaissait les codes profanes mais toujours leur préférait les enseignements du Bouddha. Vénéré de tous, il était le premier des êtres à qui l'on fait offrande.

Pour captiver jeunes et vieux, il s'en tenait au Dharma. Il traitait ses affaires dans l'harmonie ; ses profits étaient substantiels mais le laissaient indifférent. Il fréquentait les carrefours en faisant le bien des êtres. Il s'introduisait dans les cours de justice pour tous les protéger. Il investissait les lieux où l'on enseigne les traités pour les expliquer selon le Grand Véhicule. Il visitait les salles d'école pour instruire les enfants qui ne savent rien encore. Il fréquentait les lieux de plaisir pour montrer les inconvénients du désir charnel. Il connaissait tous les débits de boisson, et là, il rendait à chacun ses esprits.

Maître de maison par excellence, il enseignait les vérités les plus sublimes à tous les maîtres de maison.

Adepte laïc par excellence, il brisait l'avidité et l'attachement de tous les adeptes laïcs.

Guerrier par excellence, il prêchait aux guerriers la patience.

Brahmane par excellence, des brahmanes il chassait la superbe.

Ministre par excellence, il enseignait le Dharma aux ministres.

Prince par excellence, il montrait aux princes ce qu'était la vraie piété filiale.

Gardien de harem par excellence, il convertissait toutes les dames des harems.

Pour les gens du peuple, il n'était meilleur homme que lui, car il offrait à chacun d'exalter la force de ses mérites.

Brahmâ par excellence, il exhortait les dieux de Chasteté à la plus sublime connaissance.

Indra par excellence, aux dieux des dieux il montrait que rien ne dure.

Protecteur d'univers par excellence, il protégeait tous les êtres animés.

Le maître de maison Vimalakîrti œuvrait donc au bien des êtres en recourant à d'innombrables expédients salvifiques de ce genre.

Et c'était encore habile méthode quand il fit croire qu'il était malade. Car, du fait même qu'il était malade, le roi, les ministres, les maîtres de maison, les adeptes laïcs, les brahmanes, les princes, les fonctionnaires et plusieurs milliers de personnes vinrent chez lui prendre de ses nouvelles.

Sous le prétexte de sa maladie, Vimalakîrti entreprit d'enseigner largement le Dharma à tous ceux qui étaient venus le voir.

Bienveillants amis, dit-il, jamais les sages ne se fieront à un corps tel que celui-ci.

Ce corps est une boule d'écume insaisissable.
Ce corps est une bulle prête à éclater.
Ce corps est un mirage engendré par la soif.
Ce corps est un bananier au cœur inconsistant.

Ce corps est une illusion née de la méprise.
Ce corps est un rêve tissé d'hallucinations.
Ce corps est une ombre projetée par les causes karmiques.
Ce corps est un écho soumis aux interdépendances.
Ce corps est un flottant nuage qui d'instant en instant se transforme et n'est plus.
Ce corps est un éclair qui jamais ne se fige.

Comme la terre, ce corps n'a pas de propriétaire.
Comme le feu, ce corps n'a pas de soi.
Comme le vent, ce corps n'a pas de durée.
Comme l'eau, ce corps n'a pas d'individualité.

Ce corps n'est pas réel : c'est une maison construite à l'aide des quatre éléments.
Ce corps est vide : dépourvu de «moi» et de «mien».
Ce corps est inconscient : comme les herbes et le bois, les briques et les gravillons.
Ce corps est inactif : c'est le vent qui le fait tournoyer.
Ce corps est impur : il dégorge d'immondices.

Ce corps est un leurre : la convention exige qu'on le baigne, le vête et le nourrisse, mais il finira en poussière.
Ce corps est une catastrophe que cent une maladies affligent.
Ce corps est un puits à sec : toujours le vieillissement le talonne.

Ce corps est peu sûr, mais il est sûr qu'il mourra.

Ce corps évoque les serpents venimeux, les brigands sanguinaires et les hameaux désertés : il résulte de la conjonction des agrégats, des domaines et des sources de perception.

Bienveillants amis, ce corps est haïssable. Aimez plutôt le corps du Bouddha, parce que le corps du Bouddha, c'est le corps du Dharma.

Le corps du Dharma naît de mérites sans nombre et d'une sagesse insondable.

Il naît de la discipline, du recueillement, de la connaissance, de la libération et de la vision libre.

Il naît du don et de la générosité, du respect de la discipline, de la patience et de la douceur, de la diligence et du courage, des concentrations, des recueillements, des libérations et des samâdhis, de l'érudition et de la connaissance : il naît des vertus transcendantes.

Il naît des méthodes habiles.

Il naît des six pouvoirs.

Il naît des trois sciences claires.

Il naît des trente-sept auxiliaires de l'Éveil.

Il naît de la quiétude et de la vision supérieure.

Il naît des dix forces, des quatre intrépidités et des dix-huit qualités exclusives des bouddhas.

Il naît de l'abolition de tout mal et de l'accumulation de tout bien.

Il naît du vrai Réel.

Il naît du contraire de l'insouciance.

De toutes ces innombrables choses pures naît le corps du Tathâgata, l'Ainsi-Venu.

Bienveillants amis, celui qui veut gagner un corps de bouddha pour guérir les maladies de tous les êtres devrait engendrer l'esprit de l'insurpassable Éveil authentique et parfait.

Ainsi le maître de maison Vimalakîrti enseigna le Dharma à ceux qui étaient venus s'enquérir de sa santé et, ce faisant, il amena plusieurs milliers de personnes à engendrer l'esprit de l'insurpassable Éveil authentique et parfait.

Chapitre III

Les Auditeurs

Alors, le maître de maison Vimalakîrti se dit à part lui-même : Me voici malade et alité. Pourquoi le Vénéré du monde, dont la bienveillance est si grande, ne me témoigne-t-il point de commisération ?

Connaissant la pensée de Vimalakîrti, le Bouddha pria Shâriputra de se rendre chez le grand être pour s'enquérir de sa santé, mais Shâriputra répondit :

— Vénéré du monde, je ne puis accepter, et je vais vous dire pourquoi.

Je me souviens qu'un jour j'étais tranquillement assis dans la forêt au pied d'un arbre quand Vimalakîrti apparut et me dit :

— Ô Shâriputra, il n'est pas nécessaire de s'asseoir comme vous le faites pour être tranquillement assis.

En effet, qui est tranquillement assis ne manifeste

son corps et son esprit dans aucun des trois mondes : c'est cela, être tranquillement assis.

Manifester toutes les attitudes du corps sans quitter le recueillement de cessation, c'est cela, être tranquillement assis.

Laisser paraître les préoccupations vulgaires sans renoncer aux réalités de l'Éveil, c'est cela, être tranquillement assis.

Quand la conscience ne se fige ni dedans ni dehors, c'est cela, être tranquillement assis.

Exercer les trente-sept auxiliaires de l'Éveil sans sacrifier à quelque opinion philosophique que ce soit, c'est cela, être tranquillement assis.

Accéder au nirvâna sans abolir les émotions négatives, c'est cela, être tranquillement assis.

Qui peut s'asseoir ainsi est marqué au sceau de l'Éveillé.

Ô Vénéré du monde, conclut Shâriputra, ces paroles me laissèrent interdit, incapable de répliquer. Voilà pourquoi je n'ose me rendre au chevet de ce grand être pour m'enquérir de sa santé.

Le Bouddha pria alors Maudgalyâyana le Grand de se rendre au chevet de Vimalakîrti pour s'enquérir de sa santé, mais Maudgalyâyana répondit :

— Vénéré du monde, je ne puis accepter, et je vais vous dire pourquoi.

Je me souviens qu'un jour j'étais allé dans la cité de Vaishâlî et dans la rue j'enseignais le Dharma aux adeptes laïcs. Survint alors Vimalakîrti qui s'adressa à moi :

– Ô Grand Maudgalyâyana, pour enseigner le Dharma, qui est le Réel, aux adeptes laïcs vêtus de blanc, il ne faut pas procéder comme vous le faites, révérend. En effet, celui qui enseigne le Dharma doit l'expliquer selon le Réel.

Or, dans le Réel, il n'y a pas d'êtres animés, car le Réel est libre de la souillure des êtres animés.

Dans le Réel, il n'y a pas de soi, car le Réel est libre de la souillure du soi.

Dans le Réel, il n'y a pas de vie éternelle, car le Réel n'est pas sujet à la naissance et à la mort.

Dans le Réel, il n'y a pas d'individu, car l'avant est séparé de l'après.

Le Réel est à jamais paisible, puisque toutes les particularités s'y abolissent.

Le Réel est libre de caractéristiques, puisque rien ne le conditionne.

Le Réel n'a pas de nom puisqu'il transcende le langage.

Le Réel ne s'enseigne pas, puisqu'il ne se prête pas à l'analyse.

Le Réel n'a pas de forme, puisqu'il évoque l'espace vide.

Le Réel est libre des proliférations conceptuelles, puisqu'il est ultimement vide.

Le Réel n'a pas de « mien », puisqu'il s'est détaché de tous les objets du « moi ».

Le Réel ignore les discriminations, puisqu'il est libre des consciences.

Le Réel ne peut être comparé à rien, puisqu'il est absolu.

Le Réel n'a pas de cause, puisqu'il est inconditionné.

Le Réel évoque la nature des choses, puisqu'il imprègne toutes choses.

Le Réel obéit à l'Ainsité, puisqu'il n'obéit à rien.

Le Réel se tient en soi à la Cime du Réel puisque les extrêmes ne peuvent l'ébranler.

Le Réel est sans agitation puisqu'il ne se fonde pas sur les objets sensibles et intelligibles.

Le Réel ne va ni ne vient puisqu'il ne demeure jamais le même.

Le Réel se conforme à la vacuité, obéit au sans-caractéristique et répond au sans-souhait.

Le Réel est libre du beau et du laid. Il n'augmente ni ne diminue. Il ne naît ni ne cesse. Il n'a pas de principe où se réabsorber. Il transcende la vue, l'ouïe, l'odorat, le goût, le toucher et la pensée. Il n'a ni haut ni bas. Il est éternellement lui-même et immuable, indépendant de toutes les pratiques et de toutes les contemplations.

Ô Grand Maudgalyâyana, ainsi est le Réel, le Dharma. Comment pourrait-on l'enseigner ? Celui qui enseigne le Réel n'explique et ne montre rien. Celui qui écoute le Réel n'entend et ne perçoit rien.

On dirait qu'un prêcheur de fantasmagorie enseigne le Réel à un auditoire de fantasmagorie : cette idée bien claire à l'esprit, on peut enseigner le Dharma, qui est le Réel.

Il importe de comprendre que les êtres animés ont des facultés plus ou moins aiguës et il faut exceller dans toutes les connaissances et visions pour ne buter sur aucun obstacle. De même faut-il, dans un esprit de grande compassion, faire l'éloge du Grand Véhicule et rendre grâce au Bouddha pour perpétuer les Trois Joyaux afin qu'ils ne s'éteignent. Après seulement peut-on enseigner le Dharma.

Or, tandis que Vimalakîrti prêchait, huit cents adeptes laïcs engendrèrent l'esprit de l'insurpassable Éveil authentique et parfait. Je n'ai pas de telles qualités oratoires, conclut Maudgalyâyana, et voilà pourquoi je n'ose me rendre au chevet de ce grand être pour m'enquérir de sa santé.

Le Bouddha pria alors Kâshyapa le Grand de se rendre au chevet de Vimalakîrti pour s'enquérir de sa santé, mais Kâshyapa répondit :
– Vénéré du monde, je ne puis accepter, et je vais vous dire pourquoi.

Je me souviens que j'étais allé mendier dans un quartier pauvre quand Vimalakîrti survint et s'approcha de moi :
– Ô Grand Kâshyapa, dit-il, salut à vous ! Vous débordez de bienveillance et de compassion, mais vous n'avez pas encore atteint l'universalité en ces matières puisque vous négligez les riches en ne mendiant que chez les pauvres.

Restez dans l'égalité, Kâshyapa, et vous mendierez votre nourriture en bon ordre, chez les uns puis chez les autres.

Ce n'est pas pour manger qu'il faut mendier sa nourriture.

C'est pour détruire l'idée de combinaison harmonieuse qu'il faut empoigner la boulette de nourriture.

C'est pour ne rien prendre que vous prenez cette nourriture.

Entrez dans le village en pensant qu'il s'agit d'un agrégat vide.

Formes et couleurs, voyez-les comme l'aveugle les voit.

Percevez les sons comme de simples échos.

Humez les odeurs comme un air insipide.

Goûtez l'indistinction des saveurs.

Connaissez les tangibles dans un toucher de sagesse.

Sachez que toute chose est pareille à une fantasmagorie : elle n'a d'essence ni en soi ni hors de soi. Ce qui ne s'est jamais allumé n'exige pas qu'on l'éteigne.

Ô Kâshyapa, si vous pouvez accéder aux huit libérations sans renoncer aux huit perversions, si vous entrez dans le juste Dharma à l'aide des perversions, et si vous faites la charité de ce seul repas à tous les êtres ordinaires, de même que l'offrande de ce repas à tous les bouddhas et les êtres sublimes, alors seulement vous pouvez manger.

Celui qui mange ainsi n'a pas d'émotions négatives, même s'il ne s'en est pas encore libéré. Il ne se sent pas en méditation ni autrement qu'en méditation. Il ne se fixe pas dans le monde ; il ne se fige pas dans le nirvâna.

Celui qui a fait l'aumône de cette nourriture n'en retirera aucun mérite, ni petit ni grand ; il n'y gagnera rien et n'y perdra rien non plus.

Tout cela, c'est le juste accès à l'Éveil du Bouddha et non le recours à la voie des Auditeurs.

Kâshyapa, si vous mangez de la sorte, vous ne mangerez pas en vain la nourriture qu'on vous a offerte.

Vénéré du monde, conclut Kâshyapa, à ces mots j'ai été frappé d'émerveillement : j'ai rendu un profond hommage à tous les bodhisattvas, puis je me suis demandé qui, devant l'éloquence et la sagesse de cet homme ayant nom et famille, n'engendrerait l'esprit de l'insurpassable Éveil authentique et parfait. Depuis lors, je n'incite plus le monde à suivre les pratiques des Auditeurs et des Bouddhas-par-soi. Et voilà pourquoi je n'ose me rendre au chevet de ce grand être pour m'enquérir de sa santé.

Le Bouddha pria alors Subhûti de se rendre au chevet de Vimalakîrti pour s'enquérir de sa santé, mais Subhûti répondit :

– Vénéré du monde, je ne puis accepter, et je vais vous dire pourquoi.

Je me souviens qu'un jour j'entrai dans sa demeure pour y mendier ma pitance, quand Vimalakîrti s'empara de mon bol et le remplit à ras bord en disant :

Ô Subhûti, pour celui qui reste équanime vis-à-vis des aliments, toutes choses sont égales. L'égalité de toutes choses vaut aussi pour les aliments. Si c'est dans cet esprit que vous venez mendier, vous pouvez emporter cette nourriture.

Vous pouvez l'emporter, Subhûti, si vous ne renoncez pas au désir, à la haine et à l'ignorance sans toutefois vous associer à eux. Si vous obéissez à l'unité sans vous détruire ; si vous suscitez la libération sans abolir l'ignorance et la soif ; si vous atteignez la libération à l'aide de ce qui, vulgairement, constitue les cinq crimes à rétribution immédiate – car il n'est plus alors d'enchaînement ni de délivrance ; si vous ne croyez pas aux quatre nobles vérités sans néanmoins être incroyant à leur égard ; si vous n'atteignez aucun résultat sans toutefois être un homme qui n'atteint aucun résultat ; si vous n'êtes pas un être ordinaire sans toutefois en être la pure négation ; si vous n'êtes pas un être sublime sans toutefois être autre chose qu'un être sublime ; bref, si vous accomplissez toutes les qualités sans croire à la réalité de leurs caractères particuliers, vous pouvez emporter cette nourriture.

Ô Subhûti, si vous ne croyez pas au Bouddha, si vous n'écoutez pas son Dharma, si les maîtres non bouddhistes Purâna Kâshyapa, Maskarin Goshalîputra, Samjayin Vairatîputra, Kakuda Kâtyâyana, Ajita Keshakambala et Nirgrantha Jñâtiputra sont vos maîtres, si vous renoncez au monde pour les suivre et tombez dans les mauvaises destinées, vous pouvez emporter cette nourriture.

Subhûti, si vous adoptez les philosophies perverses sans rejoindre l'autre rive ; si vous demeurez dans les huit situations privées de liberté sans souffrir de ces huit privations ; si vous vous associez aux émotions négatives en restant à l'écart de la pureté ; si, lorsque vous vous trouvez dans le recueillement Sans-Discorde, tous les êtres s'y trouvent aussi ; si celui qui vous fait offrande ne vous appelle pas « champ de mérites » ; si celui qui vous fait offrande tombe dans les trois mauvaises destinées ; si vous collaborez avec tous les démons en vous associant avec les émotions négatives — car vous leur êtes égal et en rien ne différez des hordes diaboliques ou des émotions négatives ; si vous n'avez que haine pour l'ensemble des êtres animés ; si vous diffamez les bouddhas et détruisez leurs enseignements ; si, donc, vous n'êtes pas du nombre des sages et des saints ; et si, pour finir, vous ne parvenez pas à vous libérer dans la cessation, vous pouvez emporter cette nourriture.

Ô Vénéré du monde, dit alors Subhûti, ce que je venais d'entendre m'avait plongé dans une absolue perplexité : je ne comprenais pas de quoi il retournait et ne savais que répondre. J'allais m'esquiver en abandonnant mon bol quand Vimalakîrti m'interpella :

— Hé, Subhûti ! N'ayez pas peur de reprendre votre bol ! Dites-moi : croyez-vous qu'il faille avoir peur des réprimandes que vous adresse un être de magie créé par les tathâgatas ?

— Non, répondis-je.

— Tous les phénomènes sont pareils aux métamorphoses magiques, dit Vimalakîrti, si bien que vous ne devriez avoir peur de rien. Pourquoi ? Parce que tout ce qu'on peut dire n'a d'autre caractère que ce caractère de fantasmagorie. À tel point que le sage ne croit pas aux mots et n'a peur de rien. Cela est possible parce que les mots sont dépourvus d'essence : l'irréalité des mots, voilà la libération ! Et à quoi ressemble la libération ? À tout !

Quand Vimalakîrti eut prononcé cet enseignement, deux cents dieux parvinrent à la pureté de l'œil du Réel. Et voilà pourquoi, conclut Subhûti, je n'ose me rendre au chevet de ce grand être pour m'enquérir de sa santé.

Le Bouddha pria alors Pûrna, fils de Maitrâyanî, de se rendre au chevet de Vimalakîrti pour s'enquérir de sa santé, mais Pûrna répondit :

— Vénéré du monde, je ne puis accepter, et je vais vous dire pourquoi.

Je me souviens qu'un jour j'étais sous un arbre du Grand Parc et j'enseignais le Dharma aux moines débutants, lorsque Vimalakîrti apparut et me dit :

— Ô Pûrna, vous devriez entrer en samâdhi pour sonder leurs cœurs avant d'enseigner le Dharma à ces débutants, et ne jamais procéder autrement. Ne remplissez pas ces précieux vases de nourritures souillées !

Si vous connaissiez la forme d'esprit de ces moines, vous ne confondriez plus le lapis-lazuli et le simple cristal. Et si vous ne pouvez pas connaître les facultés et les motivations de chacun des êtres, ne cherchez pas, du moins, à les réveiller en recourant aux enseignements du Petit Véhicule. Ne blessez pas ceux qui n'ont, naturellement, pas de plaies !

N'indiquez pas de petits sentiers à ceux qui veulent marcher sur la grande voie !

Ne cherchez pas à verser l'océan dans l'empreinte d'un sabot de buffle ; ne confondez pas davantage l'éclat du soleil et le lumignon du ver luisant !

Il y a longtemps que ces moines, ô Pûrna, ont engendré l'esprit du Grand Véhicule, mais entretemps ils l'ont oublié. Pourquoi les instruire et les guider en recourant aux enseignements du Petit Véhicule ?

J'observe que la sagesse des adeptes du Petit Véhicule manque de force et de profondeur : ce sont pour moi des aveugles incapables de distinguer les différents niveaux d'acuité des êtres.

Vimalakîrti entra alors en samâdhi et les moines virent que dans leurs vies passées ils avaient dédié à l'insurpassable Éveil authentique et parfait toutes les racines de bien qu'ils avaient plantées en présence de cinq cents bouddhas. Dans une soudaine illumination, ils retrouvèrent cet esprit fondamental tel qu'ils l'avaient engendré, et tous se prosternèrent aux pieds de Vimalakîrti.

Alors Vimalakîrti les instruisit pour qu'ils ne se détournent plus jamais de l'insurpassable Éveil authentique et parfait, et moi-même, dit Pûrna, j'admis que les Auditeurs ne discernaient point les facultés des êtres et ne devaient donc pas enseigner le Dharma. Voilà pourquoi je n'ose me rendre au chevet de ce grand être pour m'enquérir de sa santé.

Le Bouddha pria alors Kâtyâyana le Grand de se rendre au chevet de Vimalakîrti pour s'enquérir de sa santé, mais Kâtyâyana répondit :

– Vénéré du monde, je ne puis accepter, et je vais vous dire pourquoi.

Je me souviens qu'un jour le Bouddha avait donné aux moines un enseignement fort condensé et je m'étais permis de le développer par la suite en abordant les sujets de l'impermanence, la souffrance, le vide, l'inexistence du soi et la cessation. C'est alors qu'apparut Vimalakîrti qui me dit :

– Ô Kâtyâyana, il n'est pas possible d'enseigner le Dharma de l'Apparence réelle en recourant à des formations mentales soumises à la naissance et à la cessation.

En vérité ultime, Kâtyâyana, les phénomènes ne naissent ni ne cessent : telle est l'impermanence.

Comprendre que les cinq agrégats d'appropriation sont vides et ne produisent rien : voilà le sens du mot « souffrance ».

Les phénomènes n'existent pas en réalité ultime : voilà le sens du mot « vide ».

La non-dualité du soi et de l'inexistence du soi : voilà le sens de l'expression « inexistence du soi ».

Le Réel ne s'est jamais allumé et il ne s'éteindra pas davantage : voilà le sens du mot « cessation », qui est extinction dans la paix.

Or, comme Vimalakîrti enseignait de la sorte, tous les moines connurent la libération de l'esprit. Et c'est bien pour cela, conclut Kâtyâyana, que je n'ose me rendre au chevet de ce grand être pour m'enquérir de sa santé.

Le Bouddha pria alors Aniruddha de se rendre au chevet de Vimalakîrti pour s'enquérir de sa santé, mais Aniruddha répondit :

— Vénéré du monde, je ne puis accepter, et je vais vous dire pourquoi.

Je me souviens qu'un jour je cheminais quand le roi des dieux de Chasteté du nom de Purs Ornements, accompagné de dix mille dieux de Chasteté et rayonnant de lumières immaculées, s'approcha de moi. Il se prosterna à mes pieds et me demanda :

— Jusqu'où, Aniruddha, votre œil divin vous permet-il de voir ?

— Mon bon seigneur, répondis-je, je vois le milliard de mondes qui constituent la terre du bouddha Shâkyamuni aussi clairement que s'il s'agissait d'un fruit transparent d'emblica posé dans le creux de ma main.

Vimalakîrti apparut alors et me dit :

– Ô Aniruddha ! L'œil divin vous permet-il de voir les apparences composées ou bien les incomposées ? S'il vous permet de voir les apparences composées, il n'est pas différent des pouvoirs magiques des non-bouddhistes. Et s'il vous permet de voir les apparences incomposées, vous êtes dans l'inconditionné où il n'y a rien à voir.

Ô Vénéré du monde, dit Aniruddha, j'ai gardé le silence, mais les dieux de Chasteté, tous autant qu'ils étaient, ont été frappés d'émerveillement et se sont jetés aux pieds du grand être en lui demandant :

– Qui, dans les mondes, possède le véritable œil divin ?

– Le Bouddha, répondit Vimalakîrti, le Vénéré du monde a gagné le véritable œil divin, car, toujours en samâdhi, il voit tous les royaumes de bouddha sans la moindre dualité.

Alors, le roi Purs Ornements et cinq cents dieux de sa suite engendrèrent l'esprit de l'insurpassable Éveil authentique et parfait. Ils se prosternèrent aux pieds de Vimalakîrti et disparurent. Voilà donc pourquoi, conclut Aniruddha, je n'ose me rendre au chevet de ce grand être pour m'enquérir de sa santé.

Le Bouddha pria alors Upâli de se rendre au chevet de Vimalakîrti pour s'enquérir de sa santé, mais Upâli répondit :

— Vénéré du monde, je ne puis accepter, et je vais vous dire pourquoi.

Je me souviens qu'un jour deux moines manquèrent gravement à la discipline; honteux au plus haut point, ils n'osaient se confier au Bouddha et vinrent me trouver :

— Ô Upâli, dirent-ils, nous avons enfreint la règle et notre honte est telle que nous n'osons nous confier au Bouddha. Pourriez-vous résoudre nos doutes et lever nos remords afin que nous évitions désormais cette faute ?

Or, comme je leur expliquais les choses selon le Dharma, Vimalakîrti apparut et me dit :

— Ô Upâli, n'aggravez pas la faute de ces moines! Détruisez-la directement et cessez d'aviver leurs remords! Pourquoi? Parce que l'essence des actes nuisibles ne nous est ni intérieure, ni extérieure, et elle ne se trouve pas entre les deux. Comme le dit le Bouddha : « Les êtres sont souillés parce que leur esprit est souillé ; les êtres sont purs quand leur esprit est pur. »

» L'esprit non plus ne se trouve pas à l'intérieur, ni à l'extérieur, ni entre les deux. Or, il en est de la souillure de l'acte négatif comme de l'esprit, et de toutes les réalités aussi, dont aucune n'échappe à l'Ainsité.

» Dites-moi, Upâli, lorsque vous vous libérez en analysant les attributs de votre esprit, y trouvez-vous encore quelque souillure ?

— Non.

— Eh bien, dit Vimalakîrti, les attributs de l'esprit de chacun des êtres ne présentent, de la même manière, aucune souillure.

» Ô Upâli, les conceptions erronées, voilà la souillure. Pas de conceptions erronées, voilà la pureté.

» La distorsion, voilà la souillure. Pas de distorsion, voilà la pureté.

» Le moi qui s'approprie, voilà la souillure. Pas de moi qui s'approprie, voilà la pureté.

» Ô Upâli, toutes les réalités naissent et meurent sans jamais exister, comme les illusions magiques, comme les éclairs dans le ciel. Les réalités ne sont pas interdépendantes : elles ne durent pas même le temps d'un instant. Les réalités sont hallucinatoires comme les mirages et les rêves, comme les lunes dans l'eau et les reflets dans les miroirs. Elles naissent toutes de nos conceptions erronées.

» Ce que reconnaissant, on mérite le nom de "bien discipliné" ; ce que reconnaissant, on mérite le nom de "comprenant bien".

Les deux moines s'écrièrent :
— Quelle sagesse supérieure : jamais Upâli ne la fera sienne ! Lui, le premier de ceux qui détiennent la Règle, jamais il n'aurait pu nous enseigner rien de pareil !
— À l'exception des tathâgatas, dis-je alors, il n'est pas un Auditeur, pas un bodhisattva qui puisse contrarier l'éloquence de Vimalakîrti où est toute

la félicité d'instruire : tel est le rayonnement de sa sagesse.

Alors les deux moines, affranchis de leurs remords et de leurs doutes, engendrèrent l'esprit de l'insurpassable Éveil authentique et parfait en formant le vœu que tous les êtres parviennent à la même éloquence que Vimalakîrti.

Voilà pourquoi je n'ose me rendre au chevet de ce grand être pour m'enquérir de sa santé.

Le Bouddha pria alors Râhula de se rendre au chevet de Vimalakîrti pour s'enquérir de sa santé, mais Râhula répondit :
— Vénéré du monde, je ne puis accepter, et je vais vous dire pourquoi.

Je me souviens qu'un jour, les jeunes nobles de Vaishâlî s'approchèrent de moi ; ils me saluèrent avec déférence et me demandèrent :
— Ô Râhula, vous qui êtes le fils du Bouddha, vous avez renoncé à la royauté d'un souverain universel pour embrasser la vie religieuse. Nous voulions vous demander quel intérêt présente le renoncement au monde.

Comme je leur exposais, selon le Dharma, l'intérêt et les vertus du renoncement au monde, voilà qu'apparut Vimalakîrti qui me dit :
— Ô Râhula, vous ne devriez pas exposer l'intérêt et les vertus du renoncement au monde, parce que renoncer au monde ne présente aucun intérêt et n'a pas la moindre vertu. Des phénomènes

conditionnés on peut dire qu'ils présentent tel ou tel intérêt et ont telle ou telle vertu. Or le renoncement au monde est un phénomène inconditionné, et les phénomènes inconditionnés ne présentent aucun intérêt et n'ont pas la moindre vertu.

» Râhula, pour celui qui renonce au monde, il n'y a pas d'au-delà, pas d'ici, pas d'entre-deux. Libéré des soixante-deux systèmes philosophiques, il demeure en nirvâna.

» Renoncer au monde, c'est le lot des sages, le lieu où les êtres sublimes pratiquent ; c'est soumettre tous les démons, échapper aux cinq destinées, purifier les cinq yeux, gagner les cinq forces et établir les cinq facultés.

» Celui qui renonce au monde n'est plus contrarié par les siens ; il se dégage de tous les actes troubles et élimine les voies extérieures ; il va au-delà des désignations conventionnelles, s'extrait de la fange et n'a plus attache ni lien ; n'ayant plus de "mien", il ne se résigne plus à rien ; libre de la confusion, il ne se contient plus de joie et, dans le respect de la pensée d'autrui, il suit l'ordre des concentrations et des recueillements jusqu'à l'entière disparition des imperfections les plus subtiles.

» S'il en est ainsi, on est en présence du véritable renoncement au monde.

Vimalakîrti dit encore aux jeunes nobles :

– Vous devriez tous ensemble renoncer au monde au cœur même du juste Dharma, car il est extrêmement rare qu'un bouddha honore le monde de sa présence.

— Ô adepte laïc, dirent les jeunes nobles, le Bouddha n'enseigne-t-il point qu'il ne faut pas renoncer au monde sans l'assentiment de ses parents?

Vimalakîrti répondit :

— Engendrer l'esprit de l'insurpassable Éveil authentique et parfait, c'est cela, renoncer au monde : le renoncement tient là tout entier.

Trente-deux jeunes nobles engendrèrent sur-le-champ l'esprit de l'insurpassable Éveil authentique et parfait. Et voilà pourquoi, conclut Râhula, je n'ose me rendre au chevet de ce grand être pour m'enquérir de sa santé.

Le Bouddha pria alors Ânanda de se rendre au chevet de Vimalakîrti pour s'enquérir de sa santé, mais Ânanda répondit :

— Vénéré du monde, je ne puis accepter, et je vais vous dire pourquoi.

Je me souviens que, ce jour-là, le Vénéré du monde avait eu un léger malaise et qu'il lui fallait du lait de vache. Je m'emparai alors de mon bol à aumônes et me rendis chez un grand brahmane. Je me tenais à l'entrée de la demeure de ce dernier quand Vimalakîrti apparut et me dit :

— Ô Ânanda, que fais-tu ici de si bon matin avec ton bol à aumônes?

— Adepte laïc, répondis-je, le Vénéré du monde

a un léger malaise et il lui faut du lait de vache. Voilà pourquoi je suis ici.

– Arrête, Ânanda, arrête! fit Vimalakîrti. Ne dis pas ce genre de choses! Le corps de l'Ainsi-Venu a la substance du diamant. Aucun mal ne peut l'affecter. Au contraire, il incarne la somme de toutes les santés. Alors, comment pourrait-il souffrir d'un «léger malaise» ou de quelque affect douloureux que ce soit?

» Va-t'en sans rien dire, Ânanda! Ne médis plus de l'Ainsi-Venu. Que personne n'entende tes grossièretés! Mieux vaudrait que les dieux les plus majestueux et les bodhisattvas venus des autres terres pures ne t'entendent pas parler ainsi.

» Ânanda, les sublimes souverains universels sont à l'abri de toutes les affections du corps en raison de leurs mérites, lesquels sont nuls en comparaison des immensurables mérites que l'Ainsi-Venu a rassemblés, et qui tout englobent et transcendent.

» Allez, Ânanda, va-t'en! Ne nous impose pas cette honte! Si les non-bouddhistes, les adeptes de la pureté de Brahmâ, par exemple, t'entendaient, ils douteraient que le nom de "maître" convienne à un homme incapable de se soigner lui-même, et incapable, donc, de soigner les autres. Va-t-en vite et ne te montre pas! Que personne ne te remarque. Il faut que tu reconnaisses, Ânanda, que le corps de Ceux qui Viennent de l'Ainsité est le corps du Dharma, et non un corps de désir ou de pensée. Le corps du Bouddha échappe à toute souillure, puisque l'Éveillé a épuisé toutes les souillures. Le corps du Bouddha, inconditionné, ne tombe dans aucune catégorie. De quelle maladie pareil corps pourrait-il être affecté ?

Vénéré du monde, dit alors Ânanda, je ne saurais exprimer la honte qui alors me poignait. Je me demandais si, bien que proche du Bouddha, je ne l'avais pas mal compris. Soudain, j'entendis une voix dans le ciel qui disait :
— Ânanda, il en est bien comme l'adepte laïc vient de te le dire. C'est seulement parce que le Bouddha apparaît dans un monde perverti par les cinq dégénérescences qu'il manifeste ce genre de phénomènes pour sauver et libérer les êtres animés.
» Va, Ânanda, accepte ce lait sans plus de honte !

Vénéré du monde, conclut Ânanda, la sagesse et l'éloquence de Vimalakîrti sont telles que je n'ose me rendre à son chevet pour m'enquérir de sa santé.

C'est donc au nombre de cinq cents que les grands disciples Auditeurs du Bouddha y allèrent chacun de son aventure en rapportant fidèlement les propos de Vimalakîrti, justifiant ainsi pourquoi ils n'osaient se rendre à son chevet pour s'enquérir de sa santé.

Chapitre IV

Les bodhisattvas

Le Bouddha pria alors le bodhisattva Maitreya de se rendre au chevet de Vimalakîrti pour s'enquérir de sa santé, mais Maitreya répondit :
– Vénéré du monde, je ne puis accepter, et je vais vous dire pourquoi.

Je me souviens qu'un jour j'expliquais la pratique des terres où l'on ne régresse plus au souverain des dieux de Tushita et à son entourage, quand apparut Vimalakîrti qui s'approcha de moi et me dit :
– Révérend Maitreya, le Vénéré du monde vous a prédit que vous ne renaîtriez qu'une seule fois avant d'atteindre l'insurpassable Éveil authentique et parfait. Mais de quelle naissance parle cette prédiction : d'une naissance passée, future ou bien présente ?

»Si elle parle d'une naissance passée, celle-ci n'est plus ; d'une naissance future, elle n'est pas encore; d'une naissance présente, celle-ci n'a la moindre durée.

» Le Bouddha a dit : "À cet instant précis, ô moines, vous naissez, vous vieillissez et vous mourez."

» Si la prédiction qui vous concerne parle du néant de la naissance en tant qu'Exactitude, dans l'Exactitude il n'est pas de prédiction à recevoir ni d'insurpassable Éveil authentique et parfait à atteindre. Alors pourquoi, Maitreya, est-ce une seule naissance qui vous a été prédite?

» Avez-vous reçu cette prédiction en vertu de la naissance de l'Ainsité? À moins que ce ne soit en vertu de sa cessation? Si vous l'avez reçue en vertu de la naissance de l'Ainsité, sachez que l'Ainsité ne naît pas; si vous l'avez reçue en vertu de la cessation de l'Ainsité, sachez aussi que l'Ainsité ne cesse pas : telle est l'Ainsité de tous les êtres, et telle l'Ainsité de toutes choses; telle est l'Ainsité des sages et des saints, et telle votre Ainsité à vous, Maitreya.

» En effet, Bienveillant, si vous avez reçu la prédiction de votre Éveil, tous les êtres ont dû la recevoir aussi, puisque l'Ainsité ne se dédouble et ne se différencie pas.

» Ô Maitreya, si vous atteigniez l'insurpassable Éveil authentique et parfait, tous les êtres l'atteindraient aussi, puisque tous les êtres sont l'apparence même de l'Éveil.

» Ô Maitreya, si vous parveniez à la cessation libératrice, tous les êtres l'atteindraient eux aussi, puisque les bouddhas savent que tous les êtres, déjà éteints dans la paix ultime, sont l'apparence même du nirvâna et ne cesseront plus.

» En conséquence, ô Maitreya, ne trompez pas les dieux avec ces choses puisque, aussi bien celui qui engendre l'esprit de l'insurpassable Éveil authentique et parfait que celui qui ne régresse plus, n'existent pas réellement. Vous devriez plutôt aider les dieux à se dégager des opinions discriminatoires au sujet de l'Éveil.

» Je vais vous dire pourquoi.

Ce qu'on appelle « Éveil » n'est pas une entité dont on puisse physiquement ou spirituellement se saisir.

L'Éveil est extinction dans la paix puisque toutes les apparences particulières s'y abolissent.

L'Éveil n'est pas analysable puisqu'il n'est pas soumis au moindre conditionnement.

L'Éveil est non-agir puisqu'il ignore la pensée.

L'Éveil est pur tranchant car il échappe à toutes les opinions.

L'Éveil est absolue distance puisqu'il s'est à jamais éloigné des représentations erronées.

L'Éveil est obstacle puisqu'il s'oppose à tous les pieux souhaits.

L'Éveil est inaccessible car il ignore le désir et l'attachement.

L'Éveil est adhésion à l'Ainsité.

L'Éveil est persistance car il demeure dans le Réel.

L'Éveil est aboutissement car on s'y trouve à la Cime du Réel.

L'Éveil est non duel parce qu'il transcende et l'esprit et les choses.

L'Éveil est égalité : on dirait l'espace vide.

L'Éveil est inconditionné parce qu'il n'a pas de naissance, pas de durée et pas de cessation.

L'Éveil est connaissance parce qu'il saisit les pensées et les actes de chaque être.

L'Éveil est non-rencontre puisque les sens et leurs objets ne s'y rencontrent pas.

L'Éveil est non-mélange puisqu'il est libre des émotions négatives et des schémas habituels.

L'Éveil n'occupe aucun espace puisqu'il n'est pas matériel et n'a pas de forme.

L'Éveil est une désignation conventionnelle car le langage est vide.

L'Éveil est pareil à une apparition magique où il n'est rien à prendre et rien à rejeter.

L'Éveil n'est jamais confus puisqu'il demeure à jamais serein.

L'Éveil est non-saisie puisqu'il ne tend vers aucun objet.

L'Éveil est non-différence du fait de l'égalité de toutes choses.

L'Éveil est nonpareil car il n'est rien à quoi le comparer.

L'Éveil est une merveille de subtilité, car il est difficile de connaître les choses.

Ô Vénéré du monde, conclut Maitreya, tandis que Vimalakîrti prêchait, deux cents dieux gagnèrent la patience à l'égard du néant de la naissance de toutes choses, et c'est bien pour cela que je n'ose me rendre au chevet de ce grand être pour m'enquérir de sa santé.

Le Bouddha pria alors le bodhisattva Parures de Lumière de se rendre au chevet de Vimalakîrti pour s'enquérir de sa santé, mais Parures de Lumière répondit :
— Vénéré du monde, je ne puis accepter, et je vais vous dire pourquoi.

Je me souviens qu'un jour je sortais de la ville de Vaishâlî quand Vimalakîrti, justement, y entrait. Je lui rendis hommage et lui demandai d'où il venait. Il répondit :
— Je viens du trône quintessentiel de l'Éveil.
— Quel est ce lieu, demandai-je, le « trône quintessentiel de l'Éveil » ?
Il répondit :

Le trône de l'Éveil est droiture d'esprit sans rien de vide ou de faux.
Le trône de l'Éveil est décision, car il détermine l'action.
Le trône de l'Éveil est aspiration profonde où les mérites croissent et se multiplient.
Le trône de l'Éveil est l'esprit d'Éveil dégagé de l'erreur et de l'absurdité.

Le trône de l'Éveil est générosité sans espoir de retour.

Le trône de l'Éveil est discipline où se parfont tous les vœux.

Le trône de l'Éveil est patience qui jamais ne s'oppose aux désirs des êtres ordinaires.

Le trône de l'Éveil est persévérance qui jamais ne se lasse et abandonne.

Le trône de l'Éveil est concentration d'un cœur souple et contrôlé.

Le trône de l'Éveil est connaissance qui manifeste et perçoit toutes choses.

Le trône de l'Éveil est bienveillance égale pour tous les êtres.

Le trône de l'Éveil est compassion qui endure fatigue et souffrance.

Le trône de l'Éveil est joie qui jouit du Réel.

Le trône de l'Éveil est équanimité sans répulsion ni désir.

Le trône de l'Éveil est divin pouvoir accomplissant les six magies.

Le trône de l'Éveil est liberté capable de renverser l'empirie.

Le trône de l'Éveil est méthode habile adaptée au bien de chaque être.

Le trône de l'Éveil est le rayonnement des quatre attraits qui captivent tous les êtres.

Le trône de l'Éveil est l'érudition s'exprimant dans l'action altruiste.

Le trône de l'Éveil est contrôle de l'esprit qui analyse correctement les choses.

Le trône de l'Éveil, ce sont les trente-sept auxiliaires de l'Éveil en tant qu'ils éloignent des objets conditionnés.

Le trône de l'Éveil est vérité qui ne ment point au monde.

Le trône de l'Éveil est l'inépuisable cycle de la production interdépendante qui va de l'ignorance au vieillissement et à la mort.

Le trône de l'Éveil est l'émotion négative elle-même connue dans sa réelle Ainsité.

Le trône de l'Éveil est chaque être animé reconnu comme dépourvu de soi.

Le trône de l'Éveil est chaque chose connue en sa vacuité.

Le trône de l'Éveil est l'exorcisme suprême que n'ébranle la moindre inclination.

Le trône de l'Éveil est le triple monde vidé de ses sphères d'existence.

Le trône de l'Éveil est rugissement du lion qui ne craint rien.

Le trône de l'Éveil, ce sont les forces, les intrépidités et les exclusivités impeccables des bouddhas.

Le trône de l'Éveil est triple science affranchie de tout obstacle.

Le trône de l'Éveil est connaissance instantanée de toutes choses : l'omniscience effective.

» Ainsi donc, fils de bonne famille, sache que, en tout ce qu'ils font, les bodhisattvas qui œuvrent au bien des êtres en pratiquant les vertus transcendantes — lors même qu'ils lèvent le pied et le reposent — viennent tous du trône quintessentiel de l'Éveil en persistant au cœur de la réalité éveillée des bouddhas.

Comme Vimalakîrti expliquait ces choses, hommes et dieux, au nombre de cinq cents, engendrèrent l'esprit de l'insurpassable Éveil authentique et parfait, et c'est bien pour cela, conclut Parures de Lumière, que je n'ose me rendre au chevet de ce grand être pour m'enquérir de sa santé.

Le Bouddha pria alors le bodhisattva Jagatîndhara de se rendre au chevet de Vimalakîrti pour s'enquérir de sa santé, mais Jagatîndhara répondit :
— Vénéré du monde, je ne puis accepter, et je vais vous dire pourquoi.

Je me souviens qu'un jour, j'étais tranquillement chez moi lorsque Mâra le Méchant, déguisé en Indra et suivi de douze mille jeunes déesses, fit irruption dans ma demeure au son des tambourins, des cordes et des chants. Tous autant qu'ils étaient, ils me saluèrent en plaçant leur tête sous mes pieds, puis ils joignirent les mains en signe de respect. Mâra se tenait là, devant moi, et, le prenant pour Indra, je lui dis :
— Soyez le bienvenu, Kaushika, mais sachez que, même si vous éprouvez les bienfaits de vos mérites passés, il demeure incorrect de s'accorder toute licence ainsi que vous le faites. Vous devriez examiner combien sont impermanents les objets sen-

soriels et chercher le fondement du Bien en cultivant la fermeté de votre corps, de votre vie et de vos richesses.

— Homme droit, dit Mâra, acceptez donc ces douze mille jeunes déesses : vous en ferez vos servantes.

— Kaushika! m'exclamai-je. N'essayez pas de m'offrir ce genre de choses incongrues. Je suis religieux et disciple du bouddha Shâkyamuni : rien de tel ne pourrait me convenir.

Je n'avais pas fini de parler que Vimalakîrti survint et me dit :

— Celui-là n'est pas Shakra, le dieu des dieux, mais le diabolique Mâra qui est venu t'importuner, ô Jagatîndhara.

Il s'adressa à Mâra :

— Toutes ces filles, donne-les-moi, puisque mon état le permet!

Mâra frémit d'horreur. Pensant que Vimalakîrti le laisserait tranquille, il tenta de s'esquiver en disparaissant. Mais voilà qu'il n'y parvenait pas : vite à court de magies, il dut se résoudre à rester là. Alors il entendit une voix dans le ciel qui disait :

— Laisse-lui les filles, Mâra, et après tu pourras partir!

La peur aidant, le Méchant s'exécuta en moins d'un instant. Vimalakîrti s'adressa alors aux jeunes déesses :

— À présent que Mâra vous a offertes à moi, vous devriez engendrer l'esprit de l'insurpassable Éveil authentique et parfait.

Et il leur expliqua le Réel conformément à leurs besoins, si bien qu'elles découvrirent le sens de la Voie.

— Maintenant que vous avez découvert le sens de la Voie, dit-il encore, vous pouvez jouir des plaisirs du Dharma sans plus rechercher les plaisirs des sens.

Les jeunes déesses demandèrent ce qu'étaient les «plaisirs du Dharma».

Vimalakîrti répondit :

> Le plaisir de toujours placer sa confiance dans le Bouddha.
>
> Le plaisir de vouloir écouter le Dharma.
>
> Le plaisir d'honorer la Communauté.
>
> Le plaisir de se détacher des objets attirants.
>
> Le plaisir de tenir les cinq agrégats pour des brigands pleins de rancœur.
>
> Le plaisir de constater que les quatre éléments sont pareils à des serpents venimeux.
>
> Le plaisir de considérer la perception sensorielle comme un hameau désert.
>
> Le plaisir de suivre et de préserver le sens de l'Éveil.
>
> Le plaisir de faire le bien des êtres.
>
> Le plaisir de vénérer son maître spirituel.
>
> Le plaisir d'être immensément généreux.
>
> Le plaisir de respecter fermement sa discipline.
>
> Le plaisir d'être doux et patient.

Le plaisir de rassembler des racines de bien avec diligence.

Le plaisir d'être parfaitement concentré.

Le plaisir de s'illuminer dans la connaissance immaculée.

Le plaisir d'immensifier son esprit d'Éveil.

Le plaisir de soumettre les démons.

Le plaisir d'abolir les émotions négatives.

Le plaisir de purifier sa terre de bouddha.

Le plaisir de pratiquer toutes les vertus pour produire les marques majeures et mineures de la beauté parfaite.

Le plaisir d'orner le trône quintessentiel de l'Éveil.

Le plaisir d'écouter sans crainte les enseignements les plus profonds.

Le plaisir de passer les trois portes de la liberté au moment opportun.

Le plaisir d'être proche de ses condisciples.

Le plaisir de se trouver avec d'autres que ses condisciples sans éprouver la moindre gêne.

Le plaisir de protéger les amis qui font le mal.

Le plaisir de fréquenter les amis qui font le bien.

Le plaisir d'un cœur joyeux et pur.

Le plaisir de s'exercer aux innombrables méthodes auxiliaires de l'Éveil.

» Tels sont, conclut Vimalakîrti, les plaisirs du Dharma dont les bodhisattvas jouissent.

Alors Mâra le Méchant dit aux jeunes déesses :

— Je veux retourner dans mon palais céleste avec vous !

— Vous nous avez offertes à Vimalakîrti, répondirent-elles, et il nous a initiées aux plaisirs du Dharma, lesquels feront désormais nos délices : les plaisirs des sens ne nous intéressent plus.

Mâra dit alors à Vimalakîrti :

— Mais vous, adepte laïc, vous pourriez renoncer à ces filles : le bodhisattva n'est-il pas cet être qui abandonne toutes ses possessions à autrui ?

— Il y a longtemps que j'ai renoncé à ces filles, dit Vimalakîrti. Allez-vous-en et, désormais, n'empêchez plus les mystiques de réaliser leurs vœux !

Les jeunes déesses demandèrent alors à Vimalakîrti ce qu'elles devraient faire, une fois rentrées au palais de Mâra.

— Mes sœurs, dit le grand être, il existe un accès au Réel du nom de « Lampe inépuisable » : vous devriez l'étudier.

» De même qu'à la flamme d'une lampe on peut allumer cent mille autres flammes sans que la première pâlisse, de même, mes sœurs, la volonté d'Éveil du bodhisattva qui instruit cent mille êtres pour les amener à engendrer l'esprit de l'insurpassable Éveil authentique et parfait est-elle loin de s'éteindre. C'est, du reste, à mesure qu'il prodigue ses enseignements que ses qualités positives se multiplient. Tel est le sens de l'expression "Lampe inépuisable".

» Donc, une fois de retour au palais de Mâra,

n'ayez souci que de brandir cette lampe inépuisable pour amener des dieux et des déesses sans nombre à engendrer l'esprit de l'insurpassable Éveil authentique et parfait, car ainsi vous paierez le Bouddha de ses bontés en œuvrant au bien des êtres.

Les déesses rendirent alors hommage à Vimalakîrti en plaçant leur tête sous ses pieds, puis elles suivirent Mâra qui regagnait son palais et soudain disparurent.

Vénéré du monde, conclut Jagatîndhara, la liberté, la magie, la sagesse et l'éloquence de Vimalakîrti sont telles que je n'ose me rendre au chevet de ce grand être pour m'enquérir de sa santé.

Le Bouddha pria alors le jeune noble Sudatta de se rendre au chevet de Vimalakîrti pour s'enquérir de sa santé, mais Sudatta répondit :
— Vénéré du monde, je ne puis accepter, et je vais vous dire pourquoi :

Je me souviens que, cette fois-là, j'avais organisé une grande cérémonie d'aumône dans la demeure de mon père, et je faisais des offrandes à tous les religieux et les brahmanes, de même qu'aux savants non bouddhistes et aux mendiants, fussent-ils démunis, d'humble extraction ou orphelins. Le septième jour de la cérémonie, Vimalakîrti se joignit à notre assemblée et vint me dire :
— Ce n'est pas ainsi, jeune noble, qu'on célèbre une grande cérémonie d'aumône. La charité, c'est

l'aumône du Dharma, la vérité du Réel : à quoi bon la seule générosité matérielle ?

— Qu'entendez-vous, adepte laïc, par « cérémonie d'aumône du Dharma » ?

— Une cérémonie sans avant ni après, mais où, en un seul instant, l'aumône serait faite à tous les êtres animés : voilà ce qui mérite le nom de « cérémonie d'aumône du Dharma ».

— Mais encore ?

L'aumône du Dharma, qui est la vérité du Réel, c'est la bienveillance en vue de l'Éveil,

La grande compassion qui se porte au secours de tous les êtres,

La joie de détenir la vérité du Réel,

L'équanimité qui s'exerce sous l'égide de la sagesse,

La générosité transcendante qui captive les avares et les cupides,

La discipline transcendante pour le bien de ceux qui violent les préceptes,

La patience transcendante qui ignore le moi et les choses,

La persévérance transcendante qui dépasse les idées de corps et d'esprit,

La concentration transcendante sur les qualités de l'Éveil,

La connaissance transcendante, qui est omniscience dévolue au bien des êtres et n'œuvre qu'en vacuité.

Faire l'aumône de la vérité du Réel, c'est œuvrer dans le sans-apparence sans toutefois refuser les phénomènes conditionnés ;

Œuvrer sans agir en faisant semblant de renaître ;

Retenir la vérité du Réel et la protéger en développant la puissance des méthodes habiles ;

Recourir aux quatre attraits pour sauver tous les êtres animés ;

Renoncer à l'orgueil en les servant tous avec respect ;

User des méthodes qui affermissent le corps, la vie et les richesses ;

User des méthodes de concentration et de remémoration pendant la pratique des six fixations de l'attention ;

Rester sincère et droit en manifestant les six marques de respect et d'harmonie ;

Faire le bien dans la pureté des moyens de subsistance ;

Fréquenter les sages et les saints pour la plus pure joie du cœur ;

Ne point haïr les méchants mais les aider à dompter leur esprit ;

Œuvrer à l'approfondissement de son esprit en renonçant au monde ;

Agir selon les enseignements et constamment s'instruire ;

Se retirer dans la solitude pour éviter les conflits ;

Marcher vers la sagesse du Bouddha en commençant par s'asseoir tranquillement ;

Libérer les êtres de tous leurs liens en cultivant les pratiques de chaque terre ;

Créer des karmas méritoires en vue de parfaire les marques majeures et mineures, de même que sa pure terre de bouddha ;

Créer des karmas de sagesse pour connaître l'esprit et les pensées de chacun des êtres et lui expliquer le Réel en fonction de ses besoins particuliers ;

Créer des karmas de raison pour reconnaître qu'il n'est rien à adopter ou à rejeter, et que tous les phénomènes n'ont qu'une seule et même caractéristique ;

Créer tous les bons karmas en supprimant toutes les émotions négatives, tous les obstacles et tous les phénomènes néfastes ;

Œuvrer à chacun des auxiliaires de l'Éveil du Bouddha pour atteindre l'Omniscience et la somme de toutes les qualités.

» Voilà donc, fils de bonne famille, ce qu'est une cérémonie d'aumône du Dharma. Le bodhisattva qui participe à ce genre de cérémonie mérite le nom de "grand donateur" ; de plus est-il un champ de mérites pour tous les êtres ordinaires.

Ô Vénéré du monde, poursuivit Sudatta, tandis que Vimalakîrti enseignait, deux cents brahmanes de l'assemblée engendrèrent l'esprit de l'insurpassable Éveil authentique et parfait. Mon cœur s'emplit alors de pureté et, criant merveille, je me prosternai aux pieds de Vimalakîrti pour lui rendre hommage. Me relevant, je détachai de mon cou un collier d'une valeur de cent mille pièces d'or et lui en fis l'offrande, mais il refusa.

– Adepte laïc, dis-je alors, acceptez cette offrande, je vous prie : vous en disposerez comme il vous plaira.

Vimalakîrti se saisit du collier qui, sur-le-champ, se dédoubla pour former deux colliers dont il offrit l'un aux mendiants les plus pauvres de l'assemblée, et l'autre au lointain bouddha Dushprasaha. Toute l'assemblée put alors contempler ce bouddha en sa terre de Clarté, Marîci, et tous virent que le collier à lui offert par l'adepte laïc étincelait au-dessus de la tête du bouddha Dushprasaha. Mais voici que ce collier se transformait en terrasse – un belvédère de pierreries posé sur quatre colonnes et couvert d'ornements dont aucun ne voilait la splendeur de l'autre.

Ce prodige accompli, Vimalakîrti dit encore :

– Le donateur qui, en pleine égalité, fait l'aumône aux plus pauvres des pauvres comme s'il faisait offrande au Bouddha, le champ de mérites par excellence, ce donateur est libre de toute discrimination et pratique la grande compassion sans escompter quelque récompense karmique que ce soit : de lui on peut dire qu'il maîtrise parfaitement le don, ou l'aumône, du Dharma.

C'est ainsi, conclut Sudatta, qu'ayant vu ces prodiges et entendu ces enseignements, les mendiants les plus pitoyables de notre cité engendrèrent l'esprit de l'insurpassable Éveil authentique et parfait. Et c'est bien pourquoi je n'ose me rendre au chevet de Vimalakîrti pour m'enquérir de sa santé.

Les bodhisattvas y allèrent chacun de son histoire en rapportant fidèlement au Bouddha les propos de Vimalakîrti : ainsi justifièrent-ils pourquoi, eux non plus, ils n'osaient se rendre au chevet du grand être pour s'enquérir de sa santé.

Chapitre V

Mañjushrî s'enquiert de la santé de Vimalakîrti

Le Bouddha pria alors Mañjushrî de se rendre au chevet de Vimalakîrti pour s'enquérir de sa santé, et Mañjushrî répondit :
— Vénéré du monde, il est très difficile de donner la réplique à un homme d'une telle hauteur. Pénétrant les profondeurs de l'Apparence réelle, il excelle à dire l'essentiel ; rien n'arrête son éloquence, et sa sagesse ignore les obstacles : il connaît toutes les lois et institutions des bodhisattvas, et il n'est pas un seul trésor secret des bouddhas qu'il n'ait déjà visité. Il domine les démons, et les pouvoirs magiques lui sont un jeu car la connaissance et les méthodes habiles ont en lui atteint leur idéale transcendance.

» Néanmoins, s'il m'échoit de lui transmettre les sublimes pensées du Bouddha, je me rendrai à son chevet pour m'enquérir de sa santé.

Alors, les bodhisattvas, les grands Auditeurs, les Indras, les Brahmâs, les Quatre Divins Rois et maints autres qui se trouvaient dans l'assemblée prirent soudain conscience que Mañjushrî et Vimalakîrti, êtres sublimes entre tous, allaient s'entretenir en énonçant, forcément, toutes les merveilles du Réel. Et sur-le-champ ils furent huit mille bodhisattvas, cinq cents Auditeurs et cent mille hommes et dieux à vouloir suivre Mañjushrî.

Or, tandis que Mañjushrî, entouré des bodhisattvas et des grands Auditeurs, des hommes et des dieux transis de vénération, entrait dans la cité de Vaishâlî, le maître de maison Vimalakîrti pensait : Mañjushrî va arriver à la tête d'une foule immense. Eh bien, mes pouvoirs magiques serviront à vider cette chambre et à faire disparaître tout ce qui s'y trouve, serviteurs compris, à l'exception d'une couche où, malade, je reposerai.

Mañjushrî entra dans la pièce et vit qu'elle était vide, qu'il ne s'y trouvait plus rien, sinon une couche où Vimalakîrti reposait, qui lui dit :

– Sois le bienvenu, Mañjushrî, car sans venir tu es venu et sans voir nous nous voyons.

Mañjushrî répondit :

– En effet, adepte laïc, ce qui est venu ne vient plus et ce qui est parti ne part plus. Pourquoi ? Parce que ce qui vient ne vient de nulle part et ce qui part n'a nulle part où aller. Il est impossible de revoir ce qu'une fois l'on a vu.

» Mais laissons cela pour l'instant et dites-moi plutôt, adepte laïc, si votre mal est supportable, s'il diminue grâce à quelque traitement, ou bien s'il augmente. Manifestant une prévenance infinie à votre égard, le Vénéré du monde m'a prié de prendre de vos nouvelles : quelle est, adepte laïc, la cause de votre maladie ? Durera-t-elle longtemps ? Comment cessera-t-elle ?

Vimalakîrti répondit :

– Mon mal vient de l'ignorance et de la soif. Je suis malade parce que tous les êtres sont malades, et mon mal ne cessera que le jour où tous les êtres seront guéris. Pourquoi ? Parce que c'est pour les êtres que le bodhisattva plonge dans le cercle des morts et des renaissances. Et entre la naissance et la mort, il y a la maladie. Si les êtres trouvaient moyen de s'affranchir de tous leurs maux, le bodhisattva ne serait plus jamais malade.

» Quand le fils unique du maître de maison tombe malade, ses parents tombent malades eux aussi, et ils guérissent dès que leur enfant guérit. De même, le bodhisattva qui aime chacun des êtres comme son unique enfant est malade quand les êtres sont malades. Les êtres guéris, le bodhisattva guérit aussi.

» Tu me demandais quelle était la cause de ma maladie. Eh bien, la maladie du bodhisattva n'a d'autre cause que la grande compassion.

– Adepte laïc, demanda Mañjushrî, pourquoi votre chambre est-elle vide ? Où sont passés vos serviteurs ?

– Toutes les terres de bouddha sont vides, dit Vimalakîrti.

— De quoi sont-elles vides ?
— Elles sont vides de vacuité.
— Comment le vide opère-t-il sur la vacuité ?
— Il est vide parce que la vacuité ignore la discrimination.
— Peut-on discriminer entre le vide et la vacuité ?
— La discrimination est vide elle aussi.
— Où trouver la vacuité ?
— Dans les soixante-deux opinions philosophiques erronées.
— Où trouver ces soixante-deux opinions ?
— Dans la libération des bouddhas.
— Où trouver la libération des bouddhas ?
— Dans les pensées et les actes de tous les êtres. Mais ta bienveillance, Mañjushrî, voulait savoir où mes serviteurs étaient passés. Mes serviteurs ? Ce sont tous les démons et tous les maîtres non bouddhistes.

» En effet, les démons aiment le cercle des morts et des renaissances, et le bodhisattva, lui non plus, ne renonce pas à ce cercle ; les non-bouddhistes chérissent leurs opinions mais il n'est pas une seule opinion pour ébranler le bodhisattva.

Mañjushrî demanda :
— Adepte laïc, quels sont les symptômes de votre mal ?
— Mon mal n'a pas de forme : il est invisible.
— Ce mal est-il physique ou bien psychique ?
— Il n'est pas physique puisqu'il est absolument autre que mon corps ; et il n'est pas psychique,

puisque la psyché ne vaut guère plus qu'une fantasmagorie.

– De quel élément relève votre mal : de la terre, de l'eau, du feu ou de l'air ?

– Mon mal n'est pas une affection de l'élément terre, mais il n'est pas sans rapport avec la terre : de même pour les éléments eau, feu et air. Néanmoins, les maladies des êtres ordinaires viennent toutes de ces quatre éléments, et c'est parce que les êtres sont malades que je suis malade aussi.

Mañjushrî demanda encore à Vimalakîrti :

– Comment un bodhisattva devrait-il consoler un bodhisattva malade en l'instruisant ?

L'adepte laïc répondit :

Il lui parlera de l'impermanence du corps sans dire que le corps est haïssable et qu'il faut s'en détacher.

Il lui parlera de la souffrance du corps sans évoquer la félicité du nirvâna.

Il lui parlera de l'irréalité du corps mais ajoutera qu'il reste nécessaire d'instruire et de guider les êtres.

Il lui parlera du vide et de la paix du corps sans évoquer la cessation dans la paix ultime.

Il lui parlera du regret des fautes passées sans dire qu'elles existent quelque part dans le passé.

La maladie du bodhisattva l'amènera à s'affliger de la maladie des autres ; elle l'amènera à reconnaître les perceptions de ses vies passées qui s'étalent sur des kalpas sans nombre; elle l'amènera à vouloir faire le bien de tous les êtres.

Qu'il se souvienne des mérites auxquels il a œuvré; qu'il se rappelle la pureté de son mode de vie. Qu'il ne se laisse pas gagner par le mécontentement et le chagrin mais toujours reprenne courage.

Qu'il se fasse Roi des Médecins et soigne toutes les maladies!

En consolant ainsi le bodhisattva malade, et en l'instruisant, le bodhisattva lui rendra la joie.

– Adepte laïc, dit Mañjushrî, comment le bodhisattva malade peut-il dompter son esprit?

Vimalakîrti répondit:

Le bodhisattva malade devrait se faire ces réflexions:

Le mal qui m'affecte aujourd'hui n'est autre que le produit de mes émotions négatives, et celles-ci résultent des notions erronées et distorsions que j'ai accumulées au cours de toutes mes vies antérieures: rien de réel par conséquent. Alors, qui est malade?

En effet, cette combinaison des quatre éléments porte par convention le nom de «corps», mais les quatre éléments n'ont pas de propriétaire et le corps est dépourvu de moi.

Par ailleurs, cette maladie étant un effet de la croyance au moi, je devrais ne plus nourrir cette croyance. Connaître le fondement de cette maladie, c'est éliminer tant la notion de moi que la notion d'autres êtres animés.

Je devrais plutôt me représenter mon corps comme un ensemble de choses inanimées en me disant : ce corps n'est autre que la combinaison de multiples choses. Son apparition n'est qu'apparition de choses et sa cessation, cessation de choses. De plus, ces choses ne se connaissent pas entre elles. Quand certaines apparaissent, les autres ne le savent pas ; et quand elles disparaissent, elles ne le disent pas non plus.

Le bodhisattva malade abolira ensuite cette notion de choses en se disant : cette notion est distordue, elle aussi, et cette distorsion constitue précisément le suprême sujet d'affliction dont je dois m'écarter. Comment ? En m'écartant du moi et du mien. Et comment cela ? En m'écartant de la dualité. Qu'est-ce à dire ? S'écarter de la dualité, cela consiste à ne pas recourir aux notions d'intérieur et d'extérieur et à agir en toute égalité.

Mais de quelle égalité s'agit-il ? De l'égalité du moi et du nirvâna, puisque le nirvâna et moi, nous sommes vides du simple fait d'être des noms : ni l'un ni l'autre n'avons d'essence absolument déterminée. Une fois réalisée cette égalité, il ne reste plus de maladie, si ce n'est la maladie du vide, maladie qui, elle aussi, est vide.

Le bodhisattva malade éprouve toutes les sensations bien qu'il n'y ait rien à ressentir ; il atteint la réalisation sans posséder toutes les qualités du Bouddha et sans non plus se couper des sensations. Sous le coup de la douleur, qu'il pense aux êtres prisonniers des trois mondes inférieurs et cultive la

grande compassion en se disant que, s'il peut se maîtriser lui-même, il lui reste à partager cette maîtrise avec tous les êtres. C'est uniquement la maladie qu'il faut supprimer, pas les phénomènes : les instructions servent à couper le mal à la racine.
— Quelle est donc la racine du mal ?
— La « saisie ».
— La saisie de quoi ?
— La saisie du triple monde.
— Comment arrêter cette saisie ?
— En recourant à l'introuvable, car dans l'introuvable il n'y a pas de saisie.
— Qu'est-ce que l'introuvable ?
— La fin du dualisme.
— Qu'est-ce que le dualisme ?
— La vision d'un dedans et d'un dehors, lesquels sont introuvables.

Ô Mañjushrî, ainsi le bodhisattva malade contrôlera-t-il son esprit pour mettre un terme aux souffrances du vieillissement, de la maladie et de la mort. Si le bodhisattva vivait une autre sorte d'Éveil, ses pratiques resteraient sans bienfaits ni sagesse. En effet, de même qu'on appelle « héros » les pires exterminateurs, on appelle bodhisattvas ceux qui « exterminent » le vieillissement, la maladie et la mort.

Le bodhisattva malade se dira encore ceci : Si mon mal n'existe pas réellement, le mal des êtres n'existe pas réellement non plus. Pendant cette contemplation, il faut renoncer à toute compassion née de l'attachement. Le bodhisattva, en effet, se livre à la grande compassion en supprimant les émotions négatives suscitées par les objets. Ceux qu'anime une compassion née de l'attachement se lassent du cercle des morts et des renaissances, mais ceux qui ont dépassé ce stade ne se lassent jamais : où qu'ils renaissent, jamais l'attachement ne les affecte. Ils naissent libres de tout lien et peuvent en libérer les autres en leur expliquant le Réel, ainsi que l'enseigne le Bouddha : « S'il est impossible de défaire les liens d'autrui lorsque soi-même on est lié, il est possible de défaire les liens d'autrui lorsqu'on n'est pas lié soi-même. »

C'est bien pourquoi le bodhisattva ne doit pas se couvrir de liens lui-même. De quels liens ? Comment s'en délivre-t-il ? L'intime attachement aux saveurs de la concentration est un lien qui entrave le bodhisattva ; de ce lien il se libère en renaissant dans le samsâra selon les méthodes habiles. La connaissance dissociée des méthodes est un lien dont il se libère en pratiquant la connaissance associée aux méthodes. Les méthodes dissociées de la connaissance forment un lien dont il se libère à l'aide de méthodes associées à la connaissance.

Quelle est cette connaissance dissociée des méthodes qui constitue un lien ? Le bodhisattva qui orne sa terre de bouddha et parfait les êtres avec attachement tout en disciplinant son esprit au sein même du vide, du sans-caractéristique et du sans-souhait s'adonne à la connaissance dissociée des méthodes habiles.

Quelle est cette connaissance associée aux méthodes habiles qui constitue une délivrance ? Elle consiste à inlassablement orner son champ de bouddha et parfaire les êtres sans attachement tout en contrôlant son esprit au sein du vide, du sans-caractéristique et du sans-souhait. Voilà ce qu'on appelle « libération par la connaissance transcendante associée aux méthodes habiles ».

Que sont ces méthodes habiles dissociées de la connaissance qui constituent un lien ? Le bodhisattva qui, bien que pris dans le désir, la colère, les opinions fallacieuses, ou dans n'importe quelle émotion négative, « plante » les racines de tout bien, est sujet au lien des méthodes dissociées de la connaissance transcendante.

Que sont ces méthodes qui, associées à la connaissance, constituent la délivrance ? Elles consistent à n'être plus pris dans le désir, la colère, les opinions fallacieuses ou les autres émotions négatives mais à planter les racines de tout bien en les dédiant à l'insurpassable Éveil authentique et parfait. Voilà ce qu'on appelle « libération par les méthodes habiles associées à la connaissance transcendante ».

Ô Mañjushrî, c'est bien ainsi que le bodhisattva malade envisagera toutes choses.

Et il contemplera l'impermanence de son corps, sa souffrance, sa vacuité, son impersonnalité : ce qu'on appelle connaissance. Bien que malade, il restera toujours dans le samsâra pour le bien de tous et jamais ne s'en lassera : ce qu'on appelle méthodes habiles.

Qu'il considère bien son corps : le corps n'est pas différent de la maladie ; la maladie n'est pas différente du corps. Ce que la maladie est, le corps l'est ; celle-ci n'est pas nouvelle, celui-là pas ancien : voilà la connaissance. Ne pas s'abîmer en nirvâna même en cas de maladie : voilà une méthode habile.

Ô Mañjushrî, le bodhisattva malade domptera ainsi son esprit : il ne le figera pas mais ne le laissera pas non plus incontrôlé. En effet, s'en tenir à ne pas contrôler son esprit, c'est dharma d'imbécile ; et s'en tenir au pur contrôle de l'esprit, c'est dharma d'Auditeur. En conséquence, le bodhisattva ne se fixera ni sur le contrôle ni sur l'incontrôle de son esprit : se libérer de ces deux méthodes, c'est la pratique du bodhisattva.

Dans le samsâra, ne pas se souiller, et dans le nirvâna, ne point s'abîmer à jamais, c'est la pratique du bodhisattva.

Ni les pratiques des êtres ordinaires, ni les pratiques des sages et des saints, telles sont les pratiques du bodhisattva.

Ni souillée ni pure : la pratique du bodhisattva.

Passer Mâra en fait de crimes et donner en spectacle la soumission de tous les Mâras, c'est la pratique du bodhisattva.

Chercher la sagesse omnisciente sans jamais la chercher au mauvais moment, c'est la pratique du bodhisattva.

Voir que toutes choses ne naissent pas mais ne pas se réfugier dans l'Exactitude, c'est la pratique du bodhisattva.

Connaître le dodécuple cycle de la production interdépendante et se plonger dans les vues fausses, c'est la pratique du bodhisattva.

Captiver tous les êtres sans le moindre attachement, c'est la pratique du bodhisattva.

Jouir de l'éloignement absolu sans croire à l'épuisement du corps et de l'esprit, c'est la pratique du bodhisattva.

Agir dans le triple monde sans porter atteinte au Réel, c'est la pratique du bodhisattva.

Agir en vacuité tout en plantant les racines de tout bien, c'est la pratique du bodhisattva.

Pratiquer le sans-caractéristique tout en sauvant les êtres, c'est la pratique du bodhisattva.

Pratiquer le sans-souhait tout en manifestant des incarnations, c'est la pratique du bodhisattva.

Pratiquer la non-production en produisant toutes les bonnes actions, c'est la pratique du bodhisattva.

Pratiquer les six vertus transcendantes en connaissant chaque instant de conscience de chacun des êtres, c'est la pratique du bodhisattva.

Exercer les six pouvoirs magiques sans pour autant épuiser l'imperfection, c'est la pratique du bodhisattva.

Cultiver les quatre pensées immensurables autrement que pour renaître dans un monde de Brahmâ, c'est la pratique du bodhisattva.

S'adonner aux concentrations et aux recueillements, aux libertés et aux samâdhis sans pour autant renaître dans un ciel de concentration, c'est la pratique du bodhisattva.

Pratiquer les quatre fixations de l'attention sans jamais céder à l'ultime abolition du corps, des sensations, des pensées et des choses, c'est la pratique du bodhisattva.

Pratiquer les quatre efforts corrects sans renoncer au courage du corps et de l'esprit, c'est la pratique du bodhisattva.

Cultiver les quatre bases des pouvoirs miraculeux en maîtrisant déjà les souverainetés et les pouvoirs magiques, c'est la pratique du bodhisattva.

Pratiquer les cinq facultés en discernant les facultés plus ou moins aiguës de tous les êtres, c'est la pratique du bodhisattva.

Pratiquer les cinq puissances tout en aspirant aux dix forces de l'Éveillé, c'est la pratique du bodhisattva.

Pratiquer les sept membres de l'Éveil tout en discernant les sagesses de l'Éveillé, c'est la pratique du bodhisattva.

Pratiquer l'octuple sentier tout en restant ouvert à l'immensurable Éveil de l'Éveillé, c'est la pratique du bodhisattva.

Pratiquer les auxiliaires de l'Éveil dans la quiétude et la vision supérieure sans ultimement tomber dans la paisible cessation du nirvâna, c'est la pratique du bodhisattva.

Pratiquer le sans-naissance-ni-cessation des

choses tout en se parant des marques de beauté majeures et mineures des grands êtres, c'est la pratique du bodhisattva.

Avoir l'attitude d'un Auditeur ou d'un Bouddha-par-soi sans jamais abandonner le Réel des bouddhas, c'est la pratique du bodhisattva.

Se conformer à la pureté ultime des choses tout en adoptant les apparences physiques qui conviennent, c'est la pratique du bodhisattva.

Atteindre l'Éveil du Bouddha, faire tourner la roue des enseignements et entrer en nirvâna sans renoncer à la voie des bodhisattvas, c'est la pratique du bodhisattva.

Comme Vimalakîrti enseignait, huit mille dieux parmi tous ceux qui avaient suivi Mañjushrî engendrèrent l'esprit de l'insurpassable Éveil authentique et parfait.

Chapitre VI

L'Inconcevable

Shâriputra remarqua alors qu'il n'y avait pas de sièges dans la pièce et se demanda où la foule des bodhisattvas et des grands Auditeurs allait prendre place. Connaissant la pensée de Shâriputra, le maître de maison Vimalakîrti lui demanda :

– Êtes-vous venu pour le Dharma, révérend, ou pour chercher des sièges ?

– Pour le Dharma, dit Shâriputra, non pour chercher des sièges.

– Ô Shâriputra, dit Vimalakîrti, celui qui cherche le Dharma n'est pas attaché à la vie : qu'irait-il se soucier de sièges !

Celui qui cherche le Dharma, qui est le Réel, ne se livre pas à une quête ayant formes, sensations, perceptions, formations et consciences ; il ne se livre pas à une quête avec domaines et sources de perception ; il ne se livre pas à une quête dans le monde du Désir, dans le monde de la Forme, ni dans le monde du Sans-Forme.

Ô Shâriputra, celui qui cherche le Dharma cherche sans croire à la réalité absolue du Bouddha ; il cherche sans croire à la réalité absolue du Dharma ; et il cherche sans croire à la réalité absolue de la Communauté.

Celui qui cherche le Dharma cherche sans reconnaître la souffrance, sans en détruire la cause, sans en actualiser la cessation et sans pratiquer sur la Voie. Pourquoi ? Parce que le Dharma, qui est le Réel, est libre des proliférations du jugement. En effet, penser qu'on va reconnaître la souffrance, en détruire la cause, en actualiser la cessation et s'exercer sur la Voie, ce ne sont là que des proliférations du jugement.

Ô Shâriputra, le Dharma porte le nom d'« extinction dans la paix ». Or, pratiquer la naissance et la cessation, c'est chercher la naissance et la cessation, et non chercher le Dharma.

Le Dharma porte le nom de « sans-pollution ». Or, la pollution des choses, jusques à la pollution du nirvâna, n'est que souillure de la croyance réaliste, ce qui n'est pas chercher le Dharma.

Le Dharma n'a pas de domaine d'activité. Or, agir sur les choses, c'est avoir un domaine d'activité, et non chercher le Dharma.

Le Dharma n'adopte pas plus qu'il ne rejette. Or, adopter certaines choses pour en rejeter d'autres, c'est adopter et rejeter, et non chercher le Dharma.

Le Dharma n'a pas de base fondamentale. Or,

croire à la réalité d'une telle base, c'est s'attacher à une idée de lieu, et non chercher le Dharma.

Le Dharma porte le nom de «sans-caractéristique». Or, connaître à travers les caractéristiques, c'est chercher les caractères particuliers, et non chercher le Dharma.

Le Dharma ne peut pas se figer. Or, se figer sur le Dharma, c'est se figer, et non chercher le Dharma.

Le Dharma n'est ni sensible ni intelligible. Or, œuvrer dans le sensible et l'intelligible, c'est s'y cantonner, et non chercher le Dharma.

Le Dharma porte le nom d'«inconditionné». Or, agir sur le conditionné, c'est chercher le conditionné, et non chercher le Dharma.

En conséquence, Shâriputra, celui qui cherche le Dharma, qui est le Réel, ne devrait, au sein de toutes choses, rien chercher.

Et, comme Vimalakîrti prononçait ces mots, cinq cents dieux gagnèrent la pureté de l'œil du Réel au cœur des choses.

Le maître de maison Vimalakîrti s'adressa alors à Mañjushrî :

– Parmi les innombrables centaines de millions de mondes où vous vous promenez, révérend, pourriez-vous me dire dans quelle terre de bouddha se trouvent les trônes de lions les plus parfaits, lesquels résultent de mérites éminemment suprêmes ?

– Adepte laïc, répondit Mañjushrî, une fois traversés, dans la direction de l'est, autant de royaumes qu'il y a de grains de sable dans trente-six Ganges, se trouve un univers du nom de «Pareil au Meru», dont je puis actuellement voir le bouddha, «Roi de la Lampe du Meru» : un bouddha de quatre-vingt-quatre mille yojanas assis sur un trône de lions haut de quatre-vingt-quatre mille yojanas et paré d'ornements absolus.

Le maître de maison Vimalakîrti fit alors montre de ses pouvoirs magiques : sur-le-champ le bouddha qu'évoquait Mañjushrî lui manda trente-deux mille trônes de lions qui, hauts, larges, imposants et purs, entrèrent tous dans la chambre de Vimalakîrti. Jamais les bodhisattvas et les grands Auditeurs, les Indras, les Brahmâs, les Quatre Grands Rois ni les autres n'avaient vu pareil prodige : la chambre avait grandi suffisamment pour accueillir trente-deux mille trônes de lions sans que l'un empiétât sur l'autre et sans que la ville de Vaishâlî, le Jambudvîpa et les trois autres continents n'eussent diminué ou s'en fussent le moindrement ressentis : rien dehors n'avait bougé.

Vimalakîrti invita Mañjushrî à prendre place sur un trône de lions et à s'asseoir avec les bodhisattvas et les autres grands êtres en s'adaptant à l'énormité des trônes. Les bodhisattvas doués de pouvoirs magiques grandirent jusqu'à mesurer quarante-deux mille yojanas et s'assirent sur les trônes de lions, mais les bodhisattvas débutants et les grands Auditeurs en furent incapables.

Vimalakîrti invita alors Shâriputra à prendre

place sur un trône de lions, mais Shâriputra répondit :

— Ces trônes sont trop hauts et larges pour moi : je ne puis y grimper.

— Ô Shâriputra, dit Vimalakîrti, prosternez-vous en hommage au bouddha Roi de la Lampe du Meru et vous pourrez vous asseoir sur l'un de ces trônes.

Les bodhisattvas débutants et les grands Auditeurs se prosternèrent en hommage au bouddha Roi de la Lampe du Meru et parvinrent à s'asseoir sur les trônes de lions.

— Adepte laïc, dit Shâriputra, je suis émerveillé ! Qu'une aussi petite chambre puisse contenir des trônes aussi hauts et larges sans que la cité de Vaishâlî ne la bloque et sans empiéter davantage sur aucun hameau, aucune ville du Jambudvîpa, ni aucun palais de dieu ou de roi-dragon, de bon ou de mauvais esprit sous les quatre cieux.

— Ô Shâriputra, dit Vimalakîrti, les bouddhas et les bodhisattvas sont doués d'une liberté du nom d'« Inconcevable ». Le bodhisattva établi dans cette liberté peut introduire un objet énorme comme le mont Meru dans un grain de moutarde sans que le mont ni le grain changent de taille, à tel point que sur le mont Meru parfaitement inchangé, les Quatre Divins Rois et les Trente-Trois Dieux ne savent et ne sentent même pas qu'ils ont été déplacés. Car seuls les êtres promis à être sauvés par ce bodhisattva le voient introduire de la sorte le mont

Meru dans le grain de moutarde. Tel est l'accès au Réel appelé « Liberté inconcevable ».

» Ce bodhisattva peut aussi introduire les quatre océans dans un seul de ses pores sans déranger les poissons, les tortues, les monstres marins ni aucun être de la gent aquatique. Au contraire, ces océans restent inchangés à tel point que les dragons, les bons et les mauvais esprits de l'eau, les asuras et leurs semblables ne savent et ne sentent même pas qu'ils ont été déplacés : en rien cet acte ne les dérange.

» Sachez encore, Shâriputra, que le bodhisattva établi dans la Liberté inconcevable peut s'emparer d'un univers composé d'un milliard de mondes, comme d'une roue de potier qui tiendrait toute sur sa paume droite, et le lancer plus loin qu'une rangée de mondes aussi nombreux que les grains de sable du Gange sans que les habitants de cet univers ne sachent ni sentent même qu'ils sont à ce point transportés. Et lorsque le bodhisattva remet l'univers à sa place, aucun de ses habitants n'a eu l'impression de quelque aller-retour que ce fût, et cet univers garde en tout point l'apparence qu'il avait.

» Ô Shâriputra, s'il se trouve des êtres qui aimeraient rester longtemps au monde et qu'il peut sauver, le bodhisattva développera un enseignement d'une semaine sur tout un kalpa en donnant à ces êtres l'impression de vivre un kalpa entier. En revanche, s'il se trouve des êtres qui ne veulent pas s'éterniser dans le monde et qu'il peut sauver, le bodhisattva prononcera les enseignements de tout un kalpa en une seule petite semaine pour donner à ces êtres l'impression qu'il n'a passé que sept jours.

» Ô Shâriputra, le bodhisattva établi dans la Liberté inconcevable a le pouvoir de réunir l'ensemble des ornements de toutes les terres de bouddha dans un seul monde qu'il donne à voir aux êtres ; il peut encore placer une terre de bouddha avec tous ses habitants sur sa paume droite et s'envoler aux dix vents de l'espace pour la montrer à tous sans l'ébranler le moindrement.

» Ô Shâriputra, le bodhisattva peut donner à voir dans un seul pore de sa peau l'ensemble des offrandes dont les êtres des dix horizons honorent les bouddhas. Il peut aussi leur montrer à tous, dans un seul de ses pores, tous les soleils, toutes les lunes, les étoiles et les mansions célestes de tous les univers des dix vents de l'espace.

» Ô Shâriputra, le bodhisattva peut avaler tous les vents des univers des dix horizons sans se blesser et sans que, dehors, les herbes et les arbres soient arrachés ou brisés. Quand la fin du kalpa répand ses incendies dans les univers des dix horizons, il peut avaler toutes les flammes sans modifier le feu et sans se faire le moindre mal.

» Et il peut encore se saisir d'une terre de bouddha qui se trouve au nadir une fois traversés des univers de bouddha aussi nombreux que les grains de sable du Gange, et il peut la soulever par-delà des univers sans nombre, bien plus nombreux que les grains de sable du Gange, comme s'il soulevait une feuille de jujubier à la pointe d'une aiguille, sans y provoquer le moindre désordre.

» Ô Shâriputra, le bodhisattva établi dans la Liberté inconcevable peut, grâce à ses pouvoirs magiques, se manifester comme bouddha, bouddha-par-soi, Auditeur, Indra dieu des dieux, Brahmâ roi de Chasteté, protecteur du monde ou souverain cosmique. Il peut transformer toutes les voix, tous les sons supérieurs, moyens et inférieurs en verbe de bouddha, lequel dit l'impermanence, la souffrance, le vide et l'inexistence du soi, et il peut faire entendre en chacun de ces sons tous les enseignements prodigués par les bouddhas de tous les espaces.

» Ô Shâriputra, je ne puis vous donner qu'une vague idée de la puissance de la Liberté inconcevable des bodhisattvas, car, si je vous l'exposais avec plus de détails, un kalpa ne suffirait pas.

C'est alors qu'à l'audition de cet exposé de l'accès au Réel appelé Liberté inconcevable du bodhisattva, Kâshyapa le Grand soupira d'émerveillement et s'adressa à Shâriputra :

— Montrerait-on toutes les formes et toutes les couleurs à un aveugle, qu'il ne les verrait point! Eh bien, les Auditeurs me font tous penser à cela lorsqu'ils écoutent cet accès au Réel, la Liberté inconcevable : ils n'y comprennent goutte. En revanche, quel sage écoutant cet enseignement n'engendrerait-il pas l'esprit de l'insurpassable Éveil authentique et parfait?

» Et nous autres, comment nous sommes-nous si longtemps coupés de notre enracinement dans le Grand Véhicule? Le bon grain semble pourri. En entendant cet accès au Réel, la Liberté inconcevable, tous les Auditeurs devraient pleurer en hurlant jusqu'à faire trembler le milliard de mondes de notre univers; tous les bodhisattvas devraient se réjouir d'un tel don du ciel et porter cet enseignement au sommet de leur tête. En effet, contre le bodhisattva qui croira à cet accès au Réel, la Liberté inconcevable, et le comprendra, les hordes de Mâra ne pourront rien.

Quand Kâshyapa le Grand eut fini de parler, trente-deux mille dieux engendrèrent l'esprit de l'insurpassable Éveil authentique et parfait.

Vimalakîrti dit alors à Kâshyapa :

– Révérend, aux bodhisattvas sans nombre des dix vents de l'espace, certains quémandeurs viennent mendier qui une main, qui un pied, une oreille, un nez, une tête, un œil, une moelle épinière, un cerveau, du sang, de la chair, de la peau ou des os, un village ou une ville, une femme, des enfants, des serviteurs et des servantes, des éléphants, des chevaux, des chariots et des chars, de l'or, de l'argent, du lapis-lazuli, de la nacre, de l'agate, du corail, de l'ambre, des perles ou des cauris-jade, des vêtements ou de la nourriture... Or, dans la plupart des cas, ceux qui viennent ainsi mendier ne sont autres que des bodhisattvas établis dans la Liberté inconcevable qui, recourant aux méthodes habiles, viennent mettre les autres bodhisattvas à l'épreuve pour les affermir.

» C'est à cause de leur puissance bienfaisante elle-même que les bodhisattvas établis dans la Liberté inconcevable se permettent toutes ces exigences qui plongent les êtres dans de telles difficultés. En effet, les êtres ordinaires sont par trop débiles : ils manqueraient de la force et de la stature qui s'imposent pour avoir de telles exigences. Jamais une ruade d'âne ne vaudra un coup de pied de l'éléphant-dragon !

» Voilà ce qu'on appelle "Accès au Réel intégrant la connaissance et les méthodes du bodhisattva établi dans la Liberté inconcevable".

Chapitre VII

Vision des êtres

Mañjushrî demanda à Vimalakîrti :
— Comment le bodhisattva voit-il les êtres ?
Vimalakîrti répondit :

Comme le magicien voit les créatures qu'il fait apparaître : c'est bien ainsi que le bodhisattva voit les êtres.
Comme l'homme sensé voit le reflet de la lune dans l'eau.
Comme il voit son visage dans un miroir.
Comme un mirage dans la canicule.
Comme le son de l'écho.
Comme les nuages dans le ciel.
Comme l'écume de la mer.
Comme les bulles à la surface de l'eau.
Consistants comme les bananiers.
Persistants comme l'éclair.
Comme le cinquième élément.

Comme le sixième agrégat.
Comme la septième passion.
Comme la treizième source de perception.
Comme le dix-neuvième domaine :
C'est bien ainsi que le bodhisattva voit les êtres.

Comme des formes dans le monde du Sans-Forme.

Comme les pousses des graines brûlées.

Comme des Entrés-dans-le-Courant qui croient à la réalité de la personne.

Comme des Ne-Revenant-Plus qui s'introduisent dans des matrices.

Comme les trois poisons du saint Arhat.

Comme des bodhisattvas ayant atteint la Patience qui, par attachement ou dégoût, profanent les interdits.

Comme les schémas habituels négatifs qui entachent le Bouddha.

Comme les formes que les aveugles voient.

Comme la respiration de l'être plongé en plein recueillement d'extinction.

Comme des traces d'oiseau dans le ciel.

Comme les enfants d'une femme stérile.

Comme les émotions qui affectent une apparition magique.

Comme les visions du rêve une fois qu'on s'est réveillé.

Comme les renaissances de l'être qui s'est libéré dans la cessation.

Comme du feu sans fumée :
C'est bien ainsi que le bodhisattva voit les êtres.

Mañjushrî demanda :

— Si le bodhisattva voit ainsi les êtres, comment exerce-t-il la bienveillance à leur égard ?

Vimalakîrti répondit :

— Quand le bodhisattva voit ainsi les êtres, il pense qu'il va leur enseigner tel ou tel dharma : voilà la bienveillance réelle et vraie.

Il exerce la bienveillance de l'extinction dans la paix, parce que rien ne naît.

Sa bienveillance n'est pas fébrile parce qu'il n'a pas d'émotions négatives.

Sa bienveillance est égale du fait même de l'égalité des trois temps.

Sa bienveillance est incontestable car elle ne produit aucun mouvement.

Sa bienveillance est non duelle parce que le dedans et le dehors ne coïncident pas.

Sa bienveillance est indéfectible parce qu'il a atteint la cessation ultime.

Sa bienveillance est solide parce que la nature de l'esprit est indestructible.

Sa bienveillance est très-pure parce que l'essence de toute chose est pure.

Il exerce une bienveillance illimitée car elle évoque l'espace vide.

Sa bienveillance est celle d'un Arhat parce qu'il défait les entraves, ces bandits.

Sa bienveillance est celle d'un bodhisattva parce qu'il apaise tous les êtres.

Sa bienveillance est celle d'un tathâgata parce qu'il connaît l'Ainsité.

Sa bienveillance est celle d'un bouddha parce qu'il éveille tous les êtres.

Sa bienveillance est spontanée car elle ne résulte d'aucune cause.

Sa bienveillance est celle de l'Éveil parce qu'elle en a toujours la même saveur.

Sa bienveillance est incomparable parce qu'il a aboli toute soif.

Sa bienveillance est celle de la grande compassion parce qu'il guide les êtres sur la voie du Grand Véhicule.

Sa bienveillance est infatigable parce qu'il voit l'inexistence du soi, la vacuité.

Sa bienveillance est aumône du Dharma car il ne garde rien pour lui en la matière.

Sa bienveillance est respect de la discipline parce qu'il œuvre au bien de ceux qui violent les préceptes.

Sa bienveillance est patiente car elle le protège autant que tous les autres.

Sa bienveillance est courage parce qu'il se charge de tous les êtres.

Sa bienveillance est pratique de la concentration parce qu'il ne succombe plus aux saveurs sensorielles.

Sa bienveillance est pratique de la connaissance transcendante car il opère toujours au bon moment.

Sa bienveillance est pratique des méthodes habiles car il manifeste toutes choses.

Sa bienveillance est pratique de la non-dissimulation vu la pureté de sa droiture.

Sa bienveillance est pratique de l'aspiration profonde parce qu'il ne se disperse pas dans d'autres pratiques.

Sa bienveillance ignore le mensonge car elle n'est fausse en rien.

Sa bienveillance est paix et félicité parce qu'il permet aux êtres de gagner la félicité des bouddhas.

Telle est donc la bienveillance du bodhisattva.

– Qu'en est-il de sa compassion ? demanda Mañjushrî.

– Le bodhisattva partage avec tous les êtres tous les mérites qu'il produit.

– Quelle est sa joie ?

– Sa joie consiste à faire le bien des êtres sans jamais rien regretter.

– Parlez-moi de son équanimité.

– Pour tous les bienfaits qu'il répand il n'espère la moindre récompense.

– Le samsâra est redoutable, poursuivit Mañjushrî : sur quoi le bodhisattva peut-il prendre appui dans le cercle des morts et des renaissances ?

– Au sein même de la peur du samsâra, dit Vimalakîrti, le bodhisattva devrait s'appuyer sur la force des mérites des tathâgatas.

– Où doit s'établir le bodhisattva qui veut

prendre appui sur la force des mérites des tathâgatas ?

— Le bodhisattva qui veut prendre appui sur la force des mérites des tathâgatas s'établira dans la libération de tous les êtres animés.

— Que faut-il abandonner quand on veut libérer tous les êtres ?

— Quand on veut libérer tous les êtres, on élimine ses propres émotions négatives.

— Que faut-il faire pour éliminer ses émotions négatives ?

— S'adonner à la pensée juste.

— La pensée juste de quoi ?

— De ce qui ne naît ni ne cesse.

— Qu'est-ce qui ne naît ni ne cesse ?

— Le mal ne naît pas et le bien ne cesse point.

— Sur quoi se fondent le bien et le mal ?

— Sur la personne.

— Et la personne, sur quoi se fonde-t-elle ?

— Sur le désir et l'attachement.

— Sur quoi se fondent le désir et l'attachement ?

— Sur les discriminations illusoires.

— Sur quoi se fondent les discriminations illusoires ?

— Sur une conscience distordue.

— Quel est le fondement de cette conscience distordue ?

— Son fondement, c'est l'absence de fixation.

— Et l'absence de fixation ?

— Elle n'a pas de fondement, et c'est sur le fondement de l'absence de fixation, ô Mañjushrî, que s'élèvent toutes choses.

En ce temps-là, il y avait dans la chambre de Vimalakîrti une déesse qui, à la vue de tous ces grands hommes et en entendant les enseignements qu'ils échangeaient, se rendit visible en répandant des fleurs célestes sur les bodhisattvas et les grands Auditeurs.

Les fleurs frôlèrent les bodhisattvas avant de rejoindre le sol. Mais elles restèrent accrochées aux grands Auditeurs.

Recourant à leurs divins pouvoirs, ces derniers tentèrent tous, mais en vain, de se dégager des fleurs.

Alors l'être céleste demanda à Shâriputra :
— Pourquoi repoussez-vous ces fleurs ?
— Ces fleurs vont à l'encontre de la règle, c'est pourquoi nous les repoussons.
— Ne prétendez pas que ces fleurs vont à l'encontre de la règle, dit la déesse. Pourquoi ? Parce que les fleurs ne discriminent pas. Révérend, c'est vous et seulement vous qui produisez des pensées de discrimination. Renoncer au monde pour les enseignements du Bouddha et continuer de discriminer, c'est cela, ne pas respecter la règle. Respecter la règle, cela consiste à ne pas discriminer. J'observe que si les fleurs ne sont pas restées accrochées aux bodhisattvas, c'est parce qu'ils ont aboli toute pensée de discrimination.

»De même que, par exemple, l'homme qui a

peur offre prise aux êtres non humains, de même les Auditeurs, qui ont peur du samsâra, offrent-ils prise aux formes, aux sons, aux odeurs, aux saveurs et aux tangibles. Aucun des cinq objets du désir ne peut influencer celui qui n'a pas peur. Les fleurs restent accrochées seulement à ceux qui n'ont pas épuisé leurs imprégnations habituelles. Elles ne restent pas accrochées à ceux qui les ont épuisées.

Shâriputra demanda à la déesse :
— Y a-t-il longtemps, être divin, que vous vous êtes établie dans cette chambre ?
— Je m'y suis établie depuis que, dans mon vieil âge, j'ai atteint la libération.
— Cela fait-il longtemps, donc, que vous vous trouvez ici ?
— Je me suis libérée dans mon vieil âge, disais-je : serait-ce il y a longtemps ?
Shâriputra garda le silence sans répondre.
— Ainsi, vieillard, reprit la déesse, vous avez eu la grande sagesse de garder le silence.
— Celui qui s'est libéré n'a rien à dire, si bien que je n'ai rien trouvé à vous répondre.
— La parole et l'écrit sont libération, s'exclama la déesse, parce que la libération n'est ni intérieure ni extérieure, et ne se trouve pas entre les deux. De même, le langage n'est ni intérieur, ni extérieur, ni intermédiaire, si bien que, Shâriputra, on explique la libération sans renoncer au langage, parce que tous les phénomènes sont « libération ».
— La libération, dit Shâriputra, ne consisterait-elle

plus à se dégager du désir, de la haine et de la bêtise ?

— Ce n'est que pour les arrogants, dit l'être divin, que le Bouddha a enseigné que la libération était l'affranchissement du désir, de la colère et de la bêtise. En l'absence d'arrogants, le Bouddha enseigne que, dans leur essence, le désir, la colère et la bêtise sont la libération.

— Bravo, être divin, bravo! s'exclama Shâriputra. Mais alors, qu'avez-vous atteint et comment vous êtes-vous illuminée pour que telle soit votre éloquence?

— Je n'ai rien atteint et je ne me suis pas illuminée : voilà le secret de mon éloquence, car l'illumination est une forme d'arrogance à l'égard des enseignements du Bouddha.

— Des trois véhicules, demanda Shâriputra à l'être divin, lequel préconisez-vous?

— Je suis Auditeur pour convertir les êtres selon la méthode des Auditeurs. Je suis Bouddha-par-soi pour convertir les êtres à l'aide de la production interdépendante. Et je suis une adepte du Grand Véhicule pour convertir les êtres par grande compassion.

» Ô Shâriputra, dans un bosquet de jasmin, on goûte le jasmin et nul autre parfum. De même, dans cette chambre, on ne peut sentir que le parfum des mérites du Bouddha, et l'on n'aspire guère à y sentir le parfum des mérites des Auditeurs et des Bouddhas-par-soi.

» Ô Shâriputra, les Indras, les Brahmâs et les

Quatre Divins Rois, les dieux, les dragons, les bons, les mauvais et tous les esprits qui entrent dans cette chambre pour écouter cet être supérieur enseignant la juste méthode aiment tous le parfum des mérites du Bouddha : ils engendrent l'esprit d'Éveil et repartent.

» Ô Shâriputra, voici douze ans que je suis descendue dans cette chambre et jamais je n'y ai entendu les enseignements des Auditeurs et des Bouddhas-par-soi. Je n'y ai entendu que les inconcevables enseignements des bouddhas sur la grande bienveillance et la grande compassion des bodhisattvas.

» Ô Shâriputra, poursuivit la déesse, le plus souvent, cette chambre est le siège de huit prodiges inouïs :

Souvent dans cette chambre brillent des lumières dorées, de jour comme de nuit, et ce ne sont ni le soleil ni la lune qui produisent ces lumières : voilà un premier prodige inouï.

Celui qui entre dans cette chambre ne souffre plus d'aucune souillure : deuxième prodige inouï.

Dans cette chambre toujours se rassemblent Indra, Brahmâ, les Quatre Divins Rois et maints bodhisattvas venus d'autres espaces : troisième prodige inouï.

Dans cette chambre on enseigne toujours la méthode des six transcendances dans laquelle on ne régresse jamais : quatrième prodige inouï.

Dans cette chambre on exécute toujours les plus sublimes musiques divines et humaines ; des orchestres y produisent d'innombrables symphonies qui convertissent au Réel : cinquième prodige inouï.

Dans cette chambre sont quatre grands coffres où s'entassent tous les trésors et où, pour suppléer tout manque et combler toute vacance, on peut puiser inépuisablement : sixième prodige inouï.

Dans cette chambre, le bouddha Shâkyamuni, le bouddha Amitâbha, le bouddha Imperturbable, Vertu Précieuse, Flamme Précieuse, Lune Précieuse, Précieuse Majesté, Invincible, Voix de Lion, Auteur de Tous les Bienfaits, ainsi que les innombrables bouddhas des dix vents de l'espace, accourent lorsque cet être supérieur les invoque, et tous ils lui expliquent par le menu le trésor des instructions secrètes et essentielles des bouddhas, puis ils s'en retournent : septième prodige inouï.

Dans cette chambre apparaissent les ornements, les joyaux, les pavillons et les temples des dieux, de même que les terres pures des bouddhas : huitième prodige inouï.

» Voilà, Shâriputra, les huit prodiges inouïs qui souvent se manifestent dans cette chambre. Qui a vu ces choses inconcevables pourrait-il encore aimer les enseignements des Auditeurs ?

– Pourquoi, demanda Shâriputra à la déesse, ne changez-vous pas de corps, vous qui êtes une femme ?

– Voilà douze ans que je cherche les attributs de

la femme mais je ne les ai pas encore clairement trouvés. Que pourrais-je donc changer?

» Lorsqu'un maître magicien, par exemple, a créé une femme illusoire, celui qui demande à cette créature pourquoi elle ne change pas de sexe pose-t-il une question correcte?

— Non, dit Shâriputra. Les créatures magiques ne possèdent pas d'attributs déterminés leur permettant de se transformer réellement.

— De même en est-il pour tous les phénomènes, dit l'être divin : ils n'ont pas d'attributs déterminés. Alors, comment pouvez-vous me demander pourquoi je ne change pas de corps?

En un instant, la déesse recourut à ses divins pouvoirs pour donner sa propre apparence à Shâriputra en se transformant elle-même en Shâriputra.

— Pourquoi donc ne changez-vous pas de sexe? lui demanda-t-elle alors au débotté.

Aux prises avec sa dégaine de jeune déesse, Shâriputra s'écria :

— Je ne sais pas ce qui a changé en moi, mais me voilà métamorphosé en femme!

— Shâriputra, dit la déesse, si vous pouviez changer de sexe, à présent que vous êtes une femme, toutes les femmes le pourraient aussi.

» Si vous, Shâriputra, n'êtes pas une femme mais en avez l'apparence, il en sera de même pour toutes les femmes. Bien qu'ayant apparence de femme, ce ne sont pas des femmes. C'est pour cela que le Bouddha dit que tous les phénomènes ne sont ni mâles ni femelles.

Soudainement encore, la déesse ramena ses divins pouvoirs et Shâriputra redevint comme il avait toujours été.

— Où sont passés vos charmes féminins ? lui demanda-t-elle aussitôt.

— Mes charmes féminins ? Ils ne se trouvent où que ce soit et pas davantage nulle part.

— De même en est-il pour tous les phénomènes : ils ne se trouvent où que ce soit et pas davantage nulle part. Voilà ce que déclarent les bouddhas.

— Quand vous quitterez cette vie, dit Shâriputra à la déesse, où renaîtrez-vous ?

— Je serai une production magique des bouddhas, répondit l'être céleste. Je renaîtrai telle que je renaîtrai.

— Les productions magiques des bouddhas ne meurent point ni ne renaissent.

— Les êtres animés non plus ne meurent ni ne renaissent.

— Il doit y avoir longtemps, dit Shâriputra, que vous avez atteint l'*anuttarasamyaksambodhi*.

— J'en suis à l'*anuttarasamyaksambodhi* comme vous, révérend Shâriputra, à redevenir un être ordinaire.

— Il ne saurait être question que je redevienne un être ordinaire !

— Il ne saurait non plus être question pour moi, s'exclama la déesse, d'atteindre quelque *anuttarasamyaksambodhi* que ce soit ! Pourquoi ? Parce que la *bodhi* ne se fixe nulle part. Nul ne peut donc l'atteindre.

– Si à présent, dit Shâriputra, il y a des bouddhas qui atteignent l'*anuttarasamyaksambodhi*, ceux qui l'ont déjà atteinte doivent être aussi nombreux que les grains de sable du Gange : qu'en dites-vous ?

– Je dis que c'est à cause du langage, de l'écriture et des chiffres en usage dans le siècle que l'on parle de trois aspects du temps. Je ne dis pas qu'il existe un passé, un présent ou un futur pour la *bodhi*.

» Shâriputra, dit la déesse, avez-vous atteint l'éveil des Arhats ?

– Oui, bien que je n'aie rien atteint !

– De même en est-il pour les bouddhas et les bodhisattvas, dit-elle : il n'y avait rien à atteindre, et ils l'ont atteint.

Alors Vimalakîrti dit à Shâriputra :

– Cette déesse a fait des offrandes à neuf millions deux cent mille bouddhas et les divins pouvoirs des bodhisattvas lui sont un jeu.

» Ses vœux se sont tous réalisés.

» Elle a acquis la patience à l'égard du néant de la naissance.

» Elle ne régressera plus jamais.

» Et, de par son grand vœu fondamental, elle peut apparaître à volonté pour instruire et aider tous les êtres animés.

Chapitre VIII

L'Éveil des Éveillés

Alors Mañjushrî demanda à Vimalakîrti :
— Comment le bodhisattva s'éveille-t-il à l'Éveil de tous les Éveillés ?
— Le bodhisattva qui s'adonne au non-Éveil s'éveille à l'Éveil des Éveillés.
— Comment le bodhisattva s'adonne-t-il au non-Éveil ?
Vimalakîrti répondit :

Il renaît dans les enfers sans la souillure d'avoir nui.

Il renaît parmi les bêtes bien que l'ignorance et l'orgueil ne soient point ses défauts.

Il renaît chez les démons faméliques bien qu'il possède toutes les qualités.

Il emprunte la voie des mondes de la Forme et du Sans-Forme mais ne la tient pas pour sublime.

Il simule la cupidité mais rien ne lui est plus éloigné que la souillure de l'attachement.

Il se montre en colère mais jamais la colère ne l'oppose à un être.

Il simule l'ignorance mais, en toute sagesse et connaissance, il contrôle son esprit.

Il peut paraître avare mais, ayant renoncé à toute possession intérieure et extérieure, il ne lésine jamais sur sa personne et va jusqu'à risquer sa vie.

Il fait semblant de violer les interdits mais, s'étant établi dans la pureté de la discipline, il n'est jusqu'au plus petit méfait qu'il ne redoute au plus haut point.

Il peut sembler hors de soi mais il reste toujours patient et bienveillant.

Il semble s'adonner à la paresse mais s'exerce diligemment aux mérites.

Il fait semblant d'être confus mais sa pensée reste toujours concentrée.

Il fait semblant d'être bête mais sa connaissance englobe les choses mondaines et transmondaines.

Il peut sembler hypocrite mais sa maîtrise des méthodes habiles est en tout conforme au sens des écritures.

Il peut se montrer arrogant mais il agit comme un pont pour les êtres.

Il se montre aux prises avec les émotions négatives mais son esprit reste pur à jamais.

Il semble suivre les voies de Mâra mais, en accord avec la sagesse du Bouddha, il ne succombe à aucune voie extérieure.

Il fait semblant de pratiquer comme un Auditeur mais enseigne des choses inouïes à l'intention de tous les êtres.

Il se manifeste comme un bouddha-par-soi mais, parvenu à l'accomplissement de la grande compassion, il instruit tous les êtres.

Il se manifeste comme un pauvre mais du trésor de ses mains jaillissent d'inépuisables mérites.

Il renaît chez les infirmes mais son corps se pare de toutes les marques de beauté des bouddhas.

Il apparaît dans les franges les plus basses de la société mais réunit toutes les qualités propres à la famille des Éveillés.

Il renaît parmi les monstres mais, beau comme Nârâyana, tous les êtres aiment le contempler.

Il peut sembler vieux et malade mais, à jamais tranchant le mal à la racine, il transcende la peur de la mort.

Il peut sembler riche et âpre au gain mais, en permanence conscient de l'impermanence, il n'éprouve en fait la moindre convoitise.

Il semble avoir une épouse, des concubines et d'autres compagnes mais sans cesse il jouit de s'être absolument éloigné de la fange des objets du désir.

Il se manifeste comme un idiot parlant avec difficulté mais, à la cime de l'éloquence la plus parfaite, jamais ne lui échappe l'universel contrôle de la dhâranî.

On le voit passer des gués vicieux mais en les redressant il sauve tous les êtres.

Il se montre enclin à toutes les voies pour mieux en trancher tous les conditionnements.

Il se manifeste en nirvâna sans se couper du samsâra.

Ô Mañjushrî, l'être d'Éveil qui peut ainsi s'adonner au non-Éveil s'éveille à l'Éveil des bouddhas.

Alors Vimalakîrti demanda à Mañjushrî :
– Qu'est-ce que la famille des tathâgatas ?
Mañjushrî répondit :

C'est la famille de ceux qui croient avoir une personnalité.
La famille de l'ignorance et de la soif d'exister.
Une famille d'êtres cupides, colériques et sots.
La famille des quatre distorsions.
La famille des cinq épaisseurs.
La famille des six sources de perception.
La famille des sept demeures de la conscience.
La famille des huit perversions.
La famille des neuf raisons de souffrir.
La famille des dix actes nuisibles.
En un mot, la famille des soixante-deux opinions philosophiques et de l'ensemble des émotions négatives.

– Que veux-tu dire exactement ? demanda Vimalakîrti.

Mañjushrî poursuivit :
– Celui qui, voyant l'Inconditionné, accède à l'Exactitude ne peut plus engendrer l'esprit de l'in-

surpassable Éveil authentique et parfait. De même que les lotus ne poussent pas dans la terre des hauts plateaux mais dans les lieux bas, humides et boueux, de même celui qui, voyant l'Inconditionné, accède à l'Exactitude ne pourra plus produire les qualités du bouddha, mais seuls les êtres ordinaires pris dans la fange des affects négatifs produiront les qualités du bouddha.

» Plantez vos graines dans le ciel : comment germeraient-elles ? Plantez-les dans la terre fumée : elles fleuriront à profusion. Celui donc qui accède à l'Exactitude de l'Inconditionné ne produit pas de qualités de bouddha, mais celui qui a haut comme le mont Meru de croyance au moi peut encore engendrer l'esprit de l'insurpassable Éveil authentique et parfait, et produire les qualités du bouddha.

» Il faut donc savoir que la famille des tathâgatas n'est autre que l'ensemble des affects négatifs. En effet, s'il est impossible de trouver la précieuse Perle inestimable sans descendre au fond de l'océan, il est impossible de découvrir le trésor de l'Omniscience sans plonger dans l'océan des émotions négatives.

Alors Kâshyapa le Grand s'écria :

— Bravo, Mañjushrî, bravo ! Tu as parlé vite mais, comme tu le dis, c'est bien la compagnie des affects douloureux qui constitue la famille des Tathâgatas. Nous ne pouvons plus, nous autres saints du Petit Véhicule, engendrer l'esprit de l'insurpassable Éveil authentique et parfait. Ceux qui ont commis les cinq crimes à rétribution immédiate eux-mêmes peuvent encore découvrir le sens de la voie et produire les qualités du bouddha, mais nous ne le pourrons jamais. Nous sommes des infirmes incapables de jouir des cinq sens. En effet, les Auditeurs qui ont tranché tous les nœuds n'éprouvent plus aucun intérêt pour les qualités du Bouddha et jamais ils n'y aspireront.

» En conséquence, ô Mañjushrî, les êtres ordinaires sont sensibles aux qualités du Bouddha, alors que les Auditeurs ne le sont pas. Pourquoi ? Parce que, en apprenant les qualités du Bouddha, les êtres ordinaires peuvent engendrer l'esprit de l'Éveil insurpassable et perpétuer les Trois Joyaux : c'est justement pourquoi les Auditeurs, qui toute leur vie étudient les forces, les intrépidités et les autres qualités du Bouddha, ne peuvent jamais engendrer l'esprit de l'Éveil insurpassable.

Il y avait dans l'assemblée un bodhisattva du nom de Manifestant Partout des Corps Formels qui demanda à Vimalakîrti :

— Qui sont, maître de maison, vos père et mère, votre femme et vos enfants, vos intimes, votre famille, votre entourage, vos relations officielles et privées ? Où sont vos serviteurs, vos servantes et vos pages, vos éléphants, vos chevaux et vos chars ?

Vimalakîrti lui répondit par ces stances :

Le bodhisattva a pour mère la connaissance transcendante ;

Son père, ce sont les méthodes habiles.
Il n'est un seul de nos maîtres et guides
Qui ne soit né de tels parents.

Pour épouse, il a le plaisir du Dharma ;
Ses filles sont bienveillance et compassion ;
Ses fils, bonté et sincérité ;
Et sa paisible demeure, la vacuité de l'Ultime.

Ses disciples, ce sont les émotions négatives
Qu'il renverse comme bon lui semble ;
Et ses amis dans le bien, les auxiliaires de l'Éveil
Qui lui permettent d'accomplir l'Éveil authentique.

Il a les vertus transcendantes pour compagnons,
Et pour accortes danseuses, les quatre attraits.
Il chante, récite et psalmodie le Dharma :
Telle est sa musique.

Dans le parc des formules de mémoire parfaite,
Les réalités non polluées forment les arbres d'une forêt
Où les membres de l'Éveil s'épanouissent en pureté
Pour donner des fruits de libération et de sagesse.

Les huit libertés lui font une vaste piscine
Pleine de l'eau claire et calme du recueillement profond
Où flottent les lotus des sept puretés :
Là se baigne l'homme déjà pur.

Ses éléphants et ses chevaux : le galop des cinq pouvoirs magiques ;
Son char : le Grand Véhicule ;
Son pilote : l'esprit un ;
Et sa route : l'octuple sentier.

Les marques majeures le parent toutes
Et les marques mineures sont comme ses bijoux ;
Pudeur et discrétion tissent ses robes,
Et la profondeur de son aspiration illumine sa chevelure.

Riche du capital des sept précieux trésors,
Il enseigne pour accroître ses intérêts
Et, pratiquant selon ce qu'il enseigne,
La dédicace lui apporte des intérêts plus grands encore.

Les quatre concentrations forment son siège,
Qui sont le fruit de l'existence pure ;
Son érudition accroît sa sagesse
Et chante son Éveil.

L'ambroisie du Dharma est sa nourriture
Et la saveur des libertés sa boisson ;
Il se baigne dans la pureté de son esprit
Et les règles de sa discipline le parfument naturellement.

Il extermine les affects douloureux, ces bandits,
Et aucun héros n'a plus de bravoure que lui.
Il soumet les quatre espèces de Mâra

Et plante la victorieuse bannière près du trône de l'Éveil.

Il sait que naissance et cessation n'existent pas
Mais apparaît comme s'il était né ;
Il manifeste tous les mondes, et tous les voient
Aussi clairement que l'astre du jour.

Il fait des offrandes à d'innombrables dizaines de millions
De tathâgatas dans les dix directions de l'espace,
Mais entre les bouddhas et lui-même
Il n'a point idée de discrimination.

Il sait que les terres de bouddha,
De même que tous les êtres, sont vides,
Mais il s'exerce constamment à purifier ces terres
Pour instruire et aider les êtres.

Le bodhisattva fort de l'impavidité
Peut en un seul instant se manifester
Comme n'importe quel être animé, avec sa forme
Particulière, sa voix et ses diverses attitudes.

Il connaît les méfaits des Mâra
Mais apparaît comme s'il les suivait,
Car les méthodes habiles et la connaissance transcendante
Lui permettent de se manifester comme il le veut.

Il donne parfois l'apparence de la vieillesse, de la maladie
Et de la mort pour amener les êtres
À comprendre que tout est fantasmagorie
Et qu'il leur faudra affronter cette vérité.

Parfois il manifeste le brasier d'une fin de kalpa,
Lequel consume l'univers,
Afin que les êtres qui jugent le monde éternel
Découvrent l'universalité de l'impermanence.

D'innombrables dizaines de millions d'êtres
S'empressent alors d'inviter chez eux
Le bodhisattva pour qu'il les convertisse
À l'Éveil des bouddhas.

Traités et grimoires, exorcismes et incantations,
Techniques, arts et magies, à tout cela
Il semble s'adonner avec succès
Pour le plus grand bien de tous les êtres.

Il devient religieux dans chacune
Des méthodes d'Éveil prises dans le monde
Pour dissiper l'illusion de ses confrères
Et les empêcher de choir dans le dogmatisme.

Parfois dieu du Soleil ou de la Lune,
Il est aussi le Roi de Chasteté, le souverain d'un univers,
Et d'autres fois la Terre, l'Eau,
Le Vent, ou encore, le Feu.

Quand vient l'ère des épidémies,
Il fait paraître des herbes médicinales

Telles que tous ceux qui les absorbent
Se désintoxiquent et guérissent.

Quand vient l'ère des famines,
Il devient nourriture et boisson,
Et lorsque, enfin, chacun s'est nourri et désaltéré,
Il entreprend de l'entretenir du Dharma.

Quand vient l'ère des conflits armés,
Il se concentre sur la bienveillance et la compassion,
Si bien que les êtres se convertissent
À la non-violence et y demeurent à jamais.

Quand deux armées vont s'affronter,
Le bodhisattva fait en sorte qu'elles soient de force égale :
Il manifeste son imposante puissance
Et les contraint à se réconcilier.

Il se rend toujours dans les enfers
De tous les univers qu'il visite
Pour soulager les damnés,
À moins qu'il ne les libère.

Dans tous les univers où il y a
Des bêtes qui s'entredévorent,
Il fait semblant de renaître
Comme elles pour œuvrer à leur bien.

Il se montre sensible aux objets des sens
Mais aussi versé dans l'art de la concentration :
Voilà qui plonge les Mâras dans la perplexité
Et les empêche de parvenir à leurs fins.

S'il est merveilleux de faire pousser
Des lotus dans le feu,
Il est plus merveilleux encore de rester
Concentré au cœur même du désir.

Il se manifeste à certains comme une prostituée,
Car il veut attirer ceux que le sexe attire.
Il les attrape à l'hameçon du désir
Avant de les plonger dans la sagesse des bouddhas.

Il se fait préfet,
Chef des marchands,
Prêtre, voire ministre d'État,
Pour protéger tous les êtres vivants.

Aux pauvres il apparaît
Comme un trésor inépuisable.
Ainsi peut-il les guider de ses conseils
Pour qu'ils engendrent l'esprit d'Éveil.

Aux égoïstes pleins d'arrogance
Il apparaît comme un surhomme
Qui rabaisse leur superbe et les affermit
Sur la voie suprême.

Il prend la tête des foules
Terrorisées ; il les apaise, les réconforte
En leur offrant d'abord l'absence de peur,
Puis en les amenant à engendrer l'esprit d'Éveil.

Il se montre encore parfaitement libre du désir,
Comme un immortel doué des cinq magies,

Et il amène la foule des êtres animés
À s'établir dans la discipline, la patience et l'amour.

Aux êtres dignes d'être servis
Il apparaît comme un serviteur.
Dès qu'il est parvenu à les séduire,
Il les intéresse au sens de la Voie

Et, selon leurs besoins
Leur permet d'accéder à la voie du bouddha :
C'est donc à force d'habiles expédients
Qu'il parvient à combler tous les besoins.

Ainsi, son Éveil est insondable
Et ses activités n'ont pas de limites ;
Sa sagesse est proprement infinie
Et il libère des êtres sans nombre.

Prierait-on tous les bouddhas
De chanter ses qualités
Pendant d'innombrables millions de kalpas
Que le temps ne leur suffirait pas.

Qui a entendu ces choses
Et n'engendre pas l'esprit d'Éveil
Est un ignorant dépourvu de sagesse,
À moins qu'il ne s'agisse d'un mauvais sujet.

Chapitre IX

L'accès au Réel dans la non-dualité

Vimalakîrti s'adressa aux bodhisattvas :
— Révérends, dit-il, chacun de vous devrait nous décrire, à sa convenance, comment le bodhisattva accède au Réel dans la non-dualité.

Le bodhisattva du nom d'Autonome en Dharma, qui se trouvait dans l'assemblée, répondit le premier :
— Révérends, dit-il, la naissance et la cessation forment dualité. Or les choses ne naissent, fondamentalement, pas, si bien qu'elles ne cessent pas non plus. Et la patience à l'égard du néant de la naissance est un accès au Réel dans la non-dualité.

Le bodhisattva Gardien des Vertus lui emboîta le pas :
— Le « moi » et le « mien » forment dualité. C'est parce qu'il y a « moi » qu'il y a « mien ». Sans « moi », pas de « mien » : voilà un accès au Réel dans la non-dualité.

Le bodhisattva Qui Ne Cille Pas :

— S'approprier et ne pas s'approprier forment dualité. Ne pas s'approprier les choses les rend introuvables et par là même insaisissables, inévitables, inactives et impensables : ce qui constitue un accès au Réel dans la non-dualité.

Le bodhisattva Cime des Vertus :

— Le pur et l'impur forment dualité. Or, voir l'essence réelle de l'impureté, c'est constater l'inexistence de la pureté conformément à sa cessation : voilà un accès au Réel dans la non-dualité.

Le bodhisattva Bonne Étoile :

— Le mouvement et la pensée forment dualité. Sans mouvement, pas de pensée, et sans pensée, pas de discrimination. Qui pénètre cette vérité accède au Réel dans la non-dualité.

Le bodhisattva Bon Œil :

— L'apparence de l'Un et le sans-apparence forment dualité. Mais lorsqu'on saisit que l'Un ne présente pas d'apparence, il suffit de ne pas s'approprier cette inapparence pour accéder à l'égalité, autrement dit, au Réel, dans la non-dualité.

Le bodhisattva Bras Merveilleux :

— L'esprit du bodhisattva et l'esprit de l'Auditeur forment dualité. Mais pour celui qui observe la nature vide et fantasmagorique de la pensée, il n'y a ni esprit de bodhisattva ni esprit d'Auditeur : voilà un accès au Réel dans la non-dualité.

Le bodhisattva Pushya :
— Le bien et le mal forment dualité, mais celui qui, sans faire ni le bien ni le mal passe les frontières du sans-apparence et s'y dilate à l'infini, celui-là accède au Réel dans la non-dualité.

Le bodhisattva Lion :
— Mérite et démérite forment dualité. En découvrant l'essence du démérite, on voit qu'elle n'est pas différente de l'essence du mérite. Celui qui détermine cette apparence à la lumière de la connaissance adamantine dépasse les idées d'enchaînement et de libération en accédant au Réel dans la non-dualité.

Le bodhisattva Volonté de Lion :
— Le souillé et le non-souillé forment dualité. Or, rejointe l'égalité de toutes choses, les notions de souillé et de non-souillé ne se présentent plus à l'esprit. Ne pas croire aux apparences sans pour autant se figer dans le sans-apparence, c'est accéder au Réel dans la non-dualité.

Le bodhisattva Pure Compréhension :
— Conditionné et inconditionné forment dualité. Mais, l'esprit détaché de toutes les catégories à l'image de l'espace vide, celui dont la sagesse est toute pure et ne rencontre aucun obstacle accède au Réel dans la non-dualité.

Le bodhisattva Nârâyana :
— Le monde et l'au-delà du monde forment dualité. Or l'essence du monde est vacuité, autre-

ment dit, au-delà du monde où nul ne plonge et d'où nul ne s'extrait, au-delà qui ne déborde pas plus qu'il ne se dissipe : voilà un accès au Réel dans la non-dualité.

Le bodhisattva Bonne Volonté :
— Samsâra et nirvâna forment dualité. Lorsqu'on voit l'essence du samsâra, il n'y a plus de samsâra, plus d'enchaînement ni de libération, rien d'allumé et rien à éteindre : réaliser ce point, c'est accéder au Réel dans la non-dualité.

Le bodhisattva Vision Directe :
— L'épuisable et l'inépuisable forment dualité. Mais dans leur état ultime, les choses sont aussi épuisables qu'inépuisables, et cela, inépuisablement. Or l'inépuisable n'est autre que la vacuité, et la vacuité ne présente rien d'épuisable ou d'inépuisable : pénétrer ce point, c'est accéder au Réel dans la non-dualité.

Le bodhisattva Protecteur Universel :
— Le moi et le sans-moi forment dualité. Or, si le moi est introuvable, comment trouvera-t-on ce qui n'est pas le moi ? Celui qui voit l'essence réelle du moi ne suscite plus ces deux choses et accède au Réel dans la non-dualité.

Le bodhisattva Dieu des Éclairs :
— Ignorance et connaissance forment dualité. Or, l'essence réelle de l'ignorance est connaissance. Insaisissable aussi, la connaissance transcende toutes les catégories de l'intellect, et l'égalité indivise qui

y règne constitue un accès au Réel dans la non-dualité.

Le bodhisattva Dont la Vue Réjouit :
— La matière et le vide forment dualité. La matière est vide d'une vacuité qui n'est pas cessation de la matière : c'est l'essence de la matière que d'être naturellement vide. De même pour les sensations, les représentations, les formations et les consciences.

» La conscience et le vide forment dualité. La conscience est vide d'une vacuité qui n'est pas la cessation de la conscience : c'est l'essence de la conscience que d'être naturellement vide, et là se dilater à l'infini, c'est accéder au Réel dans la non-dualité.

Le bodhisattva Marque de Lumière :
— Les quatre éléments matériels et l'élément espace forment dualité. Cependant, l'essence des quatre éléments n'est autre que l'essence de l'élément espace où, le passé et le futur étant vides, le présent est vide aussi. Connaître ainsi l'essence des éléments, c'est accéder au Réel dans la non-dualité.

Le bodhisattva Intelligence Merveilleuse :
— L'œil et ses objets forment dualité. Or, connaître l'essence de l'œil et n'avoir pour les formes ni désir ni haine ni ignorance, c'est l'extinction dans la paix. De même en sera-t-il pour l'oreille et les sons, le nez et les odeurs, la langue et les saveurs, le

corps et les tangibles, l'esprit et les phénomènes intelligibles.

» L'esprit et les phénomènes forment dualité. Connaître l'essence de l'esprit et n'avoir pour les phénomènes ni désir ni haine ni ignorance, c'est l'extinction dans la paix où paisiblement on accède au Réel dans la non-dualité.

Le bodhisattva Volonté Inépuisable :
– La générosité et la dédicace des mérites de la générosité à l'Omniscience forment dualité. Or l'essence de la générosité est la même que l'essence de la dédicace. De même pour la discipline, la patience, la persévérance, la concentration et la connaissance transcendante, lesquelles forment dualité avec la dédicace de leurs mérites respectifs à l'Omniscience. Or l'essence de la connaissance transcendante est la même que l'essence de la dédicace, et celui qui y rejoint l'unité accède au Réel dans la non-dualité.

Le bodhisattva Connaissance Profonde :
– La vacuité, le sans-caractéristique et le sans-souhait forment dualité. Or, la vacuité n'a pas de caractéristiques, et ce qui n'a pas de caractéristiques ne peut faire l'objet d'aucun souhait. Dans la vacuité, le sans-caractéristique et le sans-souhait, il n'y a pas d'esprit, de pensées, de consciences. Franchir une seule des trois portes de la liberté, c'est les franchir toutes les trois et accéder au Réel dans la non-dualité.

Le bodhisattva Paisibles Facultés :
— Bouddha et Dharma forment dualité. Or le Bouddha, c'est le Dharma, et le Dharma, c'est la Communauté. Inconditionnés, les Trois Joyaux ressemblent à l'espace vide, et il en est ainsi de toutes choses. Qui pratique selon cette vérité accède au Réel dans la non-dualité.

Le bodhisattva Volonté Indéfectible :
— La personne et la cessation de la personne forment dualité. Or la personne est cessation de la personne, puisque celui qui voit l'Apparence réelle de la personne ne croit pas à la personne ni à sa cessation. La personne et sa cessation ne sont point deux réalités différentes : rester dans cet état sans appréhension ni terreur, c'est accéder au Réel dans la non-dualité.

Le bodhisattva Bien Suprême :
— Les actes du corps, de la parole et de l'esprit forment dualité. Or ces trois catégories d'actes sont inactifs. L'inactivité du corps revient à l'inactivité de la parole, et celle-ci, à l'inactivité de l'esprit. L'inactivité de ces trois catégories d'actes est la même que l'inactivité de toutes choses. Tout connaître au vif de cette inactivité, c'est accéder au Réel dans la non-dualité.

Le bodhisattva Champ de Mérites :
— Les actes méritoires, les actes non méritoires et les actes immuables forment dualité. Or ces trois types d'actes ont pour essence la vacuité, et en

vacuité il n'y a pas d'actes méritoires, non méritoires ou immuables. Ne produire aucun de ces trois actes, c'est accéder au Réel dans la non-dualité.

Le bodhisattva Ornementation Fleurie :
— Le moi et l'autre forment dualité. Celui qui voit l'Apparence réelle du moi ne produit pas d'autre. Qui ne se fixe pas dans cette dualité n'a conscience de rien. Et qui n'a conscience de rien accède au Réel dans la non-dualité.

Le bodhisattva Matrice des Qualités :
— Toute perception implique dualité. Mais si rien n'est perçu, il n'y a rien à accepter, rien à rejeter, et ne pas accepter ni rejeter, c'est accéder au Réel dans la non-dualité.

Le bodhisattva Sur la Lune :
— La lumière et les ténèbres forment dualité. Or, s'il n'y a pas de lumière sans ténèbres, où est leur dualité ? En effet, dans le recueillement où cessent les sensations et les représentations, il n'y a ni lumière ni ténèbres. Or il en est de même pour toutes choses, et accéder à cette égalité, c'est accéder au Réel dans la non-dualité.

Le bodhisattva au Sceau Précieux :
— L'amour du nirvâna et la haine du monde forment dualité. Or, il n'est pas diamétralement opposé de ne pas aimer le nirvâna et de ne pas haïr le monde. Pourquoi ? Parce que s'il y a enchaînement, il y a libération. Mais s'il n'y a jamais eu de liens, qui cherchera à se libérer ? En l'absence de

liens et de libération, amour et haine sont impossibles, et c'est cela même qu'accéder au Réel dans la non-dualité.

Le bodhisattva Roi à la Couronne de Perles :
— La voie juste et les voies fausses forment dualité. Or, quand on respecte la voie juste, on ne discrimine pas entre juste et faux et, par-delà ces deux opposés, on accède au Réel dans la non-dualité.

Le bodhisattva Félicité du Réel :
— Le réel et l'irréel forment dualité. Or, qui voit réellement ne voit rien de réel ni, à plus forte raison, d'irréel. Il ne voit pas avec son œil de chair mais avec l'œil de la connaissance et cet œil ne voit pas, même s'il n'est rien qu'il ne voie : ainsi accède-t-on au Réel dans la non-dualité.

Les bodhisattvas s'exprimèrent donc l'un après l'autre et, pour finir, interrogèrent Mañjushrî :
— Comment le bodhisattva accède-t-il au Réel dans la non-dualité ?
Mañjushrî répondit :
— Il me semble que ne rien dire des choses, n'en rien expliquer, n'en rien montrer, n'en rien connaître et n'en rien demander, c'est accéder au Réel dans la non-dualité.
Puis il s'adressa à Vimalakîrti :
— Nous avons tous parlé. À votre tour, révérend : dites-nous comment le bodhisattva accède au Réel dans la non-dualité !
Vimalakîrti garda le silence.

– Bravo ! s'écria Mañjushrî. Bravo ! C'est seulement avec la fin des mots qu'on accède vraiment au Réel dans la non-dualité !

Comme ce chapitre de « l'accès au Réel dans la non-dualité » était prononcé, cinq mille bodhisattvas de l'assemblée accédèrent au Réel dans la non-dualité en gagnant la patience à l'égard du néant de la naissance.

Chapitre X

Le bouddha Montagne de Parfums

Shâriputra eut alors cette pensée : Le soleil approche du zénith ; que vont manger tous ces bodhisattvas ?

Connaissant sa pensée, Vimalakîrti lui dit :

– Le Bouddha vous a enseigné huit libérations qu'il vous reste à pratiquer, révérend. Est-ce que vous ne confondez pas l'envie de manger et l'étude du Dharma ? Si vous voulez manger, attendez un instant et vous vous régalerez comme jamais vous ne l'avez fait.

Vimalakîrti entra alors en samâdhi pour, à l'aide de ses pouvoirs magiques, montrer à l'assemblée une terre de bouddha située vers le haut des mondes une fois doublés des univers aussi nombreux que les grains de sable de quarante-deux Ganges, un royaume appelé « Terre Qui Embaume de Toutes les Fragrances » où trônait, visible de tous, le bouddha « Montagne de Parfums ». L'atmosphère de ce monde dégageait mille suavités éminemment supérieures à toutes les fragrances humaines et divines connues dans les terres de bouddha des dix vents de l'espace. En cette terre, les mots «Auditeur» et «Bouddha-par-soi» n'avaient pas cours : il n'y avait là que de grands bodhisattvas très-purs auxquels le Bouddha enseignait le Réel. Dans cet univers, toute chose consistait en parfum : les pavillons et les palais, les sentiers et les routes, le sol lui-même, les jardins et les parcs. Et en ces lieux, la nourriture était fragrance pure dont la suavité se répandait à l'infini dans les univers de tous les espaces.

À cet instant précis, le bouddha Montagne de Parfums était en train de partager son repas avec ses bodhisattvas, et les dieux «Majestueux par la Fragrance», qui tous cultivaient l'esprit de l'insurpassable Éveil authentique et parfait, servaient l'Éveillé et les êtres d'Éveil. Et nul dans l'assemblée qui occupait la chambre de Vimalakîrti ne put échapper à cette vision directe.

S'adressant aux bodhisattvas, Vimalakîrti demanda :

— Qui de vous, révérends, pourrait nous rapporter un peu des nourritures que mange ce bouddha?

Mañjushrî usa alors de ses pouvoirs magiques pour que personne ne répondît.

— Révérend, fit Vimalakîrti, n'ayez pas honte de cette assemblée!

— Pour citer le Bouddha, répondit Mañjushrî, je dirai qu'il «ne faut pas mépriser les ignorants».

Alors, sans même se redresser sur sa couche,

Vimalakîrti, qui faisait face à l'assemblée, manifesta un bodhisattva rayonnant de toutes les marques de beauté, imposant et majestueux au point d'éclipser l'assemblée entière.

Il lui dit :

– Élève-toi dans l'espace, et quand tu auras doublé autant de terres de bouddha qu'il y a de grains de sable dans quarante-deux Ganges, tu te retrouveras dans un royaume du nom de Terre Embaumant de Toutes les Fragrances où le bouddha Montagne de Parfums est en train de partager son repas avec ses bodhisattvas. Rends-toi auprès de lui et dis-lui ceci :

– Vimalakîrti se prosterne à vos pieds, Vénéré du monde, pour vous rendre un hommage démesuré. Il m'envoie prendre de vos nouvelles : vos soucis et vos maux sont-ils minimes ? Votre vigueur est-elle assurée ?

» Il aimerait que vous lui cédiez les restes de votre repas, pour quelque activité éveillée qu'il se propose de manifester dans l'univers d'Endurance, afin que ceux qui se satisfont de petites vérités sur le Réel accèdent à l'immensité du Grand Éveil et qu'universellement résonne votre nom, ô Tathâgata.

Alors le bodhisattva fantôme s'envola sous les yeux de l'assemblée et tous le virent s'élever jusqu'à l'univers de Toutes les Fragrances et se prosterner aux pieds du bouddha Montagne de Parfums. Ils entendirent clairement ce qu'il lui disait :

– Vimalakîrti se prosterne à vos pieds, Vénéré du monde, pour vous rendre un hommage démesuré. Il m'envoie prendre de vos nouvelles : vos soucis et vos maux sont-ils minimes ? Votre vigueur est-elle assurée ?

» Il aimerait que vous lui cédiez les restes de votre repas, pour quelque activité éveillée qu'il se propose de manifester dans l'univers d'Endurance, afin que ceux qui se satisfont de petites vérités sur le Réel accèdent à l'immensité du Grand Éveil et qu'universellement résonne votre nom, ô Tathâgata.

À la vue du bodhisattva fantôme, les grands êtres du royaume de Toutes les Fragrances crièrent merveille et demandèrent au Bouddha d'où pareil être supérieur pouvait bien venir, où se trouvait l'univers appelé Endurance, et ce qu'on entendait par « petites vérités sur le Réel ».

Le bouddha Montagne de Parfums répondit :
– Une fois passées, en direction du nadir, des terres de bouddha aussi nombreuses que les grains de sable de quarante-deux Ganges, il y a un univers du nom d'« Endurance » dont le bouddha a nom Shâkyamuni. Pour l'heure, celui-ci se trouve dans une mauvaise ère, cinq fois dégénérée, à seule fin de répandre les enseignements de l'Éveil chez les êtres qui se satisfont de petites vérités sur le Réel.

» Il y a là-bas un bodhisattva du nom de Vimalakîrti qui, établi dans la Liberté inconcevable, enseigne le Réel aux bodhisattvas et, pour ce faire, nous a mandé un fantôme qui exalte mon nom et chante les qualités de notre terre pure afin que les bodhisattvas instruits par Vimalakîrti accroissent leurs mérites.

— Quel est cet homme, demandèrent les bodhisattvas de la terre de Toutes les Fragrances, qui a produit pareil fantôme, dont les vertus ont la force de l'impavidité et les pouvoirs magiques sont tels ?

Le bouddha Montagne de Parfums répondit :

— Un très grand homme qui, partout dans les dix orients, envoie des fantômes de grâce qui généreusement exercent les activités des bouddhas pour le bien de tous les êtres.

Alors le bouddha Montagne de Parfums remplit de nourriture-parfum son bol fait de tous les parfums et le confia au bodhisattva fantôme. Les neuf millions de bodhisattvas qui l'entouraient s'exprimèrent à hauts cris :

— Nous aimerions nous rendre dans l'univers d'Endurance pour honorer le bouddha Shâkyamuni. Nous aimerions aussi rencontrer Vimalakîrti et les autres bodhisattvas.

— Vous le pouvez, dit le Bouddha, mais réabsorbez les fragrances qui émanent de votre corps, sinon, les êtres, là-bas, s'y attacheront en croyant à leur réalité. Changez aussi d'apparence physique pour que les aspirants bodhisattvas de cet univers n'en viennent pas à se mépriser eux-mêmes. Làbas, n'ayez pour qui que ce soit le moindre mépris en cherchant à le contredire.

» Pourquoi ? Parce que, d'une part, les terres de bouddha des dix horizons sont pareilles à l'espace vide, et parce que les bouddhas ne montrent pas, d'autre part, l'intégrale pureté de leur terre aux êtres sensibles à leur prédication que les petites vérités sur le Réel suffisent à combler.

Alors, animé par les bénédictions du Bouddha et les pouvoirs de Vimalakîrti, le bodhisattva fantôme, chargé du bol de nourriture et suivi des neuf millions de bodhisattvas, disparut soudain dans le monde d'en-haut pour se retrouver instantanément dans la chambre de Vimalakîrti.

Sur-le-champ, Vimalakîrti fit apparaître neuf millions de trônes de lions, aussi majestueux et beaux que les trônes qui déjà se dressaient dans sa chambre, et les bodhisattvas y prirent place. Le bodhisattva fantôme remit le bol plein de senteurs à Vimalakîrti, et le parfum se répandit dans la ville de Vaishâlî, puis dans notre univers composé d'un milliard de mondes. Les brahmanes et autres adeptes laïcs de Vaishâlî furent transportés de joie en humant ces suaves émanations : tous criaient merveille.

Suivi de quatre-vingt-quatre mille personnes, le président Dais de Lune se rendit chez Vimalakîrti. Il vit la foule des bodhisattvas qui occupaient la chambre du grand homme, de même que la hauteur, la largeur, la majesté et la beauté des trônes de lions, et il fut transporté d'allégresse. S'étant prosterné devant les bodhisattvas et les grands Auditeurs, il se retira, ainsi que sa suite, sur le côté.

Ayant humé la perfection de ce parfum, les

esprits de la Terre, les esprits des Airs, les dieux et les déesses du monde du Désir et du monde de la Forme accoururent à leur tour chez Vimalakîrti.

Celui-ci s'adressa alors à Shâriputra et aux grands Auditeurs :

— Révérends, dit-il, voici pour vous la nourriture à goût d'ambroisie du Tathâgata. Fumée à la grande compassion, elle n'a de limite en rien. Si vous pensez autrement, vous ne pourrez la digérer.

Le bodhisattva fantôme prit la parole et s'adressa aux Auditeurs qui pensaient qu'il n'y aurait pas assez de nourriture pour que chacun reçoive sa part dans l'immense assemblée :

— Ne sondez pas les insondables mérites et l'insondable sagesse de Celui qui Vient de l'Ainsité à l'aune des petits mérites et de la petite sagesse des Auditeurs. Les quatre océans ont des limites, mais cette nourriture est inépuisable. Si l'humanité tout entière pour s'en nourrir la roulait en une boulette de la taille du mont Meru, elle n'en aurait toujours pas fini au terme d'un kalpa.

» Pourquoi ? Parce que sont proprement inépuisables les restes de ce que mange un être qui possède tous les mérites issus de l'inépuisable pratique de la discipline, du recueillement, de la connaissance, de la libération et de la vision libre.

À ce bol de nourriture chacun puisa jusqu'à satiété sans que le bol se vidât le moins du monde. Les bodhisattvas, les Auditeurs, les dieux et les êtres humains qui avaient mangé de cette nourriture furent envahis de paix et de félicité, à l'instar, par exemple, de ce qu'éprouvent les bodhisattvas de la terre Ornée de Tous les Plaisirs ; de chacun de leurs pores jaillissaient de transcendants effluves comparables à ces parfums qu'émettent les arbres de la terre de Toutes les Fragrances.

Vimalakîrti demanda alors aux bodhisattvas de Toutes les Fragrances comment le tathâgata Montagne de Parfums procédait pour les instruire. Ils répondirent :

— L'Ainsi-Venu de notre terre n'enseigne pas à l'aide du langage, mais à l'aide de parfums il permet aux hommes et aux dieux de régler leur conduite. Chaque bodhisattva s'assied au pied d'un arbre à parfums et à peine en hume-t-il les merveilles de suavité qu'il se retrouve en plein samâdhi du Réservoir de Toutes les Qualités. Or, celui qui accède à ce samâdhi entre en possession de tous les mérites du bodhisattva.

Les bodhisattvas de Toutes les Fragrances demandèrent à Vimalakîrti comment le Vénéré du monde Shâkyamuni enseignait.

Vimalakîrti répondit :

— Les êtres de ce monde sont durs et difficiles à convertir. Le Bouddha use donc de mots durs pour les dompter.

Il leur décrit le monde des enfers, le monde des animaux et le monde des esprits faméliques ; il leur décrit ces lieux difficiles par excellence, ces lieux où l'homme retombe sous le coup de l'ignorance.

Il leur décrit les méfaits liés au corps et les résultats karmiques de ces méfaits ; il leur décrit les méfaits liés à la parole et les résultats karmiques de ces méfaits ; il leur décrit les méfaits liés à l'esprit et les résultats karmiques de ces méfaits.

Il leur décrit l'acte de tuer un être vivant et les résultats karmiques de l'acte de tuer ; de même pour l'acte de prendre ce qui n'a pas été donné ; de même pour l'inconduite sexuelle.

Il leur décrit le mensonge et ses effets, la perfidie et ses effets, la grossièreté et ses effets, le bavardage et ses effets.

Il leur décrit la convoitise et ses effets, la haine et ses effets, les opinions fausses et leurs effets.

Il leur décrit l'avarice et ses effets, de même que l'indiscipline, la colère, la paresse, la distraction et l'ignorance.

Il leur décrit comment on adopte une discipline, comment on la respecte et comment on la rompt ; ce qu'il faut faire et ce qu'il ne faut pas faire ; ce qui fait obstacle et ce qui ne fait pas obstacle ; ce qui crée le démérite et ce qui dissout le démérite ; ce qui est pur et ce qui est impur ; ce qui est pollué et ce qui n'est pas pollué ; ce qui est voie perverse et ce qui est voie droite ; ce qui est conditionné et ce qui n'est pas conditionné ; ce qui appartient au samsâra et ce qui appartient au nirvâna.

Les êtres difficiles à convertir ont l'esprit pareil à un singe, d'où l'existence de multiples méthodes permettant de maîtriser ce singe jusqu'à l'apprivoiser parfaitement. Il en est comme des éléphants et des chevaux encore sauvages et récalcitrants : il leur faudra subir les verges et le poison, sinon être percés jusqu'à l'os, avant de se soumettre. Des êtres aussi durs et difficiles à convertir ne peuvent régler leur conduite qu'une fois amèrement semoncés et instruits.

À ces paroles, les bodhisattvas de Toutes les Fragrances s'écrièrent :

— Quelle merveille ! De telles choses sont possibles : que le Vénéré du monde, le bouddha Shâkyamuni, cache sa force et sa liberté démesurées pour sauver les êtres en recourant aux choses qui réjouissent les pauvres... Que ces bodhisattvas puissent se donner autant de peine en restant si humbles pour renaître dans cette terre de bouddha du seul fait de leur grande compassion insondable !

— Il en est bien comme vous le dites, reprit Vimalakîrti : les bodhisattvas de cette terre ont pour les êtres une compassion inébranlable et le bien qu'ils font toute leur vie dépasse de loin le bien qu'on exerce dans d'autres mondes pendant des centaines et des milliers de kalpas.

» Pourquoi ? Parce qu'il existe dans ce monde d'Endurance dix méthodes éminemment positives qui n'existent dans nulle autre terre pure.

» Quelles sont ces dix méthodes ?

    La générosité pour dompter l'avarice.

    La discipline pour dompter l'indiscipline.

    La patience pour dompter la colère.

    La persévérance pour dompter la paresse.

La concentration pour dompter la distraction.
La connaissance pour dompter l'ignorance.

L'explication des méthodes qui permettent d'éviter les causes de difficulté pour sauver les êtres prisonniers des huit situations éminemment difficiles.

L'usage des méthodes du Grand Véhicule pour sauver ceux qui se complaisent dans le Petit Véhicule.

L'usage de toutes ses racines de bien pour libérer ceux qui n'ont pas de mérites.

Le constant recours aux quatre attraits pour conduire les êtres à l'accomplissement.

» Voilà les dix méthodes.

Les bodhisattvas visiteurs demandèrent :
– Combien de choses le bodhisattva accomplit-il pour agir dans ce monde d'Endurance sans se blesser et renaître dans une terre pure ?
Vimalakîrti répondit :
– Le bodhisattva accomplit huit choses pour agir dans ce monde sans se blesser et renaître dans une terre pure :

Il œuvre au bien de tous les êtres sans le moindre espoir de retour.

Il prend sur lui toutes les souffrances de tous les êtres. De tous les mérites qu'il a accomplis il fait l'offrande généreuse.

Équanime avec tous, il est humble et ne s'oppose jamais à personne.

Il voit les bodhisattvas comme des bouddhas pleinement éveillés.

À l'audition d'un texte authentique qu'il ignorait, il n'éprouve pas un instant de doute.

Il ne tourne pas le dos aux Auditeurs.

Il n'est pas jaloux de ceux à qui l'on fait offrande et en rien n'estime ses propres intérêts : toute situation lui permet de contrôler son esprit.

Il examine ses propres défauts et jamais ne dénonce les défauts des autres. L'esprit unifié, il cherche constamment à faire le bien.

Or, comme Vimalakîrti et Mañjushrî disaient ces choses, dans l'immense assemblée, cent mille hommes et dieux engendrèrent l'esprit de l'insurpassable Éveil authentique et parfait, et dix mille bodhisattvas gagnèrent la patience à l'égard du néant de la naissance.

Chapitre XI

La pratique des bodhisattvas

Alors, comme le bouddha Shâkyamuni enseignait dans le parc d'Âmrapâlî, les lieux soudain s'immensifièrent en se parant de maints ornements, et chaque chose et chacun, dans la multiple assemblée, prit la couleur de l'or.

Ânanda demanda au Bouddha :

– Quelles sont, Vénéré du monde, les raisons de cet heureux présage ? Le parc s'est soudain immensifié en se parant de nouveaux ornements ; chaque chose et chacun, dans l'immense assemblée, a pris la couleur de l'or.

Le Bouddha répondit à Ânanda :

– Il se trouve que Vimalakîrti et Mañjushrî, entourés et honorés d'une foule immense, projettent de venir ici : tel est le sens de cet heureux présage.

Au même instant, Vimalakîrti s'adressait à Mañjushrî :

– Nous devrions tous nous rendre auprès du bouddha Shâkyamuni. Ainsi pourrions-nous, de même que les bodhisattvas de Toutes les Fragrances, lui rendre hommage et lui faire des offrandes.

– Bien, dit Mañjushrî, allons-y !

Alors, Vimalakîrti recourut à ses pouvoirs magiques et plaça la foule que sa demeure accueillait, y compris tous les trônes de lions, dans le creux de sa main droite, puis il se porta là où était le Bouddha. Une fois arrivé, il posa par terre le contenu de son poing et se prosterna aux pieds du Bouddha, puis il le circumambula sept fois en le gardant à sa droite, les mains jointes et l'esprit unifié, et il se tint debout sur le côté.

Les bodhisattvas descendirent de leurs trônes et se prosternèrent aux pieds du Bouddha avant de le circumambuler à sept reprises pour se placer sur le côté, toujours debout. Les grands disciples, les Indras, les Brahmâs, les Quatre Divins Rois et ainsi de suite descendirent aussi de leurs trônes et se prosternèrent aux pieds du Bouddha avant de se placer sur son côté.

Alors le Vénéré du monde accueillit les bodhisattvas selon le Dharma, puis il les pria de regagner leurs trônes pour écouter ses enseignements. Quand chacun fut bien assis, le Bouddha s'adressa à Shâriputra :

– Voyez-vous les effets des souverains pouvoirs des bodhisattvas ?

– Je les vois.

– Qu'en pensez-vous ?

– Vénéré du monde, dit Shâriputra, je vois l'Inconcevable, rien qui se puisse imaginer ou deviner.

Ânanda demanda au Bouddha :

– Ce parfum que nous sentons à présent, ô Vénéré du monde, je ne l'avais jamais senti : quel est-il ?

– Ce parfum, Ânanda, n'est que l'odeur qui s'échappe de chaque pore de ces bodhisattvas.

Shâriputra dit alors à Ânanda :

– Nous aussi, nous émettons cette odeur suave.

– Quelle est son origine ?

– Le maître de maison Vimalakîrti a emprunté les restes du repas du bouddha de Toutes les Fragrances et tous ceux qui en ont mangé dans sa demeure exsudent désormais ce parfum.

Ânanda demanda à Vimalakîrti :

– Combien de temps ce parfum subsistera-t-il ?

– Tant que la nourriture n'aura pas été digérée.

– Quand le sera-t-elle ?

– Cette nourriture est telle qu'il ne faut pas moins de sept jours pour la digérer. Sache par ailleurs, ô Ânanda, que les Auditeurs qui n'ont pas accédé à l'Exactitude et absorbent cette nourriture de parfum la digéreront en accédant à l'Exactitude. Ceux qui l'absorbent en ayant déjà accédé à l'Exactitude la digéreront en gagnant la liberté de l'esprit.

» Ceux qui l'absorbent sans avoir engendré l'esprit du Grand Véhicule la digéreront en engendrant cet esprit et ceux qui ont déjà engendré cet esprit la digéreront en gagnant la patience à l'égard du néant de la naissance.

» Ceux qui l'absorbent en ayant déjà gagné la patience à l'égard du néant de la naissance la digéreront en n'ayant plus à renaître qu'une seule fois avant d'atteindre la bouddhéité parfaite.

» Connaissez-vous la drogue appelée Savoureuse ? Elle a pour effet d'éliminer tous les poisons : cela fait, elle est parfaitement digérée. De même en est-il de cette nourriture toute en parfum : on la digère pendant qu'elle élimine tous les poisons que représentent les émotions négatives.

— Quelle merveille ! s'écria Ânanda. Ô Vénéré du monde, j'ignorais qu'il pût exister une nourriture toute en parfum capable d'exercer les activités éveillées.

— Il en est pourtant ainsi, ô Ânanda, répondit le Bouddha qui poursuivit :

> Il est des terres de bodhisattva où les activités éveillées jaillissent du rayonnement lumineux d'un bouddha.
>
> Il en est où les activités éveillées sont le fait des bodhisattvas.
>
> Parfois les Éveillés agissent en émettant des manifestations fantasmagoriques.
>
> Parfois c'est un arbre qui se charge de leurs activités.
>
> Parfois les vêtements du Bouddha, ou son matériel de couchage, sont chargés de ses activités.

Parfois la nourriture est un mode opératoire des bouddhas.

Les activités éveillées parfois se manifestent sous l'aspect de parcs d'agrément.

Parfois elles s'exercent dans les trente-deux marques majeures de la beauté et ses quatre-vingts signes mineurs.

Parfois elles opèrent dans l'apparence corporelle d'un bouddha.

Parfois les Éveillés agissent comme s'ils étaient l'espace vide.

Voilà autant de circonstances qui devraient permettre aux êtres de régler au mieux leur conduite.

Parfois les Éveillés agissent en s'attardant sur des comparaisons comme le rêve, la fantasmagorie, le reflet, l'écho, la forme dans le miroir, le reflet de la lune dans l'eau et le mirage de canicule.

Parfois les Éveillés agissent en recourant à la voix, au langage et à l'écrit.

Il existe encore des terres de bouddha très pures où les Éveillés agissent en silence : ils ne disent rien, ne montrent rien, ne donnent rien à connaître, ne font rien et ne recourent à aucune réalité conditionnée.

»Ainsi, Ânanda, l'imposant maintien des bouddhas, tout ce qu'ils font par générosité, leur démarche même, il n'est rien de tout cela qui ne soit activité éveillée.

» Ô Ânanda, nous connaissons les quatre Mâras et les quatre-vingt-quatre mille émotions négatives qui éprouvent tous les êtres. Eh bien, les Éveillés agissent en recourant précisément à toutes ces choses. Voilà ce qui s'appelle "accéder à la réalité de tous les Éveillés". Le bodhisattva qui emprunte cet accès n'éprouve pas de joie particulière s'il vient à voir toutes les terres de bouddha dans leur beauté purissime ; elles ne lui inspirent ni convoitise ni sentiment de supériorité. Et s'il les voit impures, il n'en éprouve aucune tristesse ; il ne se révolte pas non plus qu'il ne se laisse absorber. Il se contente d'avoir une conscience très-pure des bouddhas et de les vénérer dans la joie et l'émerveillement renouvelés. Les qualités de tous les bouddhas venus de l'Ainsité sont absolument égales, mais pour instruire et aider les êtres, les Éveillés manifestent des terres de bouddha d'apparences diverses.

» Ô Ânanda, tu vois que les terres de bouddha sont multiples et que l'espace vide ne l'est pas. De même, tu vois combien les corps formels d'un bouddha peuvent être variés sans que son indéfectible sagesse se divise pour autant.

» Ô Ânanda, tous les bouddhas sont égaux quant à leurs corps formels, leurs marques de beauté, leur famille, leur pratique de la discipline, de la concentration et de la connaissance, leurs libérations et leur vision libre, leurs forces, leurs intrépidités, leurs qualités exclusives, leur bienveillance et leur compassion, leur maintien et leurs activités, la durée de leur vie, leurs enseignements pour le bien des êtres, l'art de les amener à l'Accomplissement et, enfin, quant à la pratique de la purification de leur terre de bouddha. De ce fait ils méritent tous les noms sanskrits de *samyaksambuddha*, *tathâgata* et *bouddha*.

» Ô Ânanda, si j'expliquais extensivement ces trois vocables, vivrais-tu tout un kalpa que tu n'entendrais pas la totalité de mon explication. Et même si tous les êtres animés d'un milliard d'univers, tous aussi savants que toi, Ânanda, le premier de mes disciples par l'érudition, et doués de ta mémoire et des formules-de-mémoire, eh bien, même s'ils vivaient un kalpa tout entier, l'intelligence de ces êtres ne suffirait pas pour en accueillir toute la teneur.

» Ainsi donc, Ânanda, l'insurpassable Éveil authentique et parfait des bouddhas est illimité ; sa sagesse et son éloquence sont de même inconcevables.

— Désormais, dit Ânanda au Bouddha, je n'oserai plus me prétendre érudit.

— Ne cherche pas à te rabaisser, Ânanda : je dis que tu es le plus érudit des Auditeurs et non des bodhisattvas. Restes-en là, Ânanda. Les sages ne devraient pas chercher les limites des bodhisattvas, car, s'il est possible de sonder les abîmes, il est impossible de sonder la concentration et la sagesse du bodhisattva, pas plus que ses formules de mémoire, son éloquence et la somme de ses qualités.

» Ô Ânanda, tes semblables et toi, vous devriez renoncer à percer les actes des bodhisattvas. Les puissants prodiges que Vimalakîrti a manifestés en une seule fois, il n'est pas un Auditeur, pas un bouddha-par-soi qui, usant de ses pouvoirs magiques pendant des milliers et des milliers de kalpas, serait capable de les accomplir.

Alors, les bodhisattvas qui venaient de l'univers de Toutes les Fragrances joignirent les mains pour demander au Bouddha :

— Vénéré du monde, lorsque nous avons vu cette terre vôtre pour la première fois, nous l'avons trouvée vulgaire. Mais voici que, pleins de contrition, nous avons écarté cette pensée, car il est proprement impossible de concevoir les expédients auxquels recourent les bouddhas. C'est pour sauver les êtres animés qu'ils manifestent tous ces royaumes de bouddha en réponse aux attentes de chacun. Ô Vénéré du monde, nous vous saurions infiniment gré de nous accorder un bref enseignement qui nous remettrait votre sagesse en mémoire, ô Tathâgata, lorsque nous aurons regagné notre monde.

Le Bouddha s'adressa aux bodhisattvas :

L'épuisable et l'inépuisable offrent une méthode de libération que vous devriez étudier.

L'épuisable désigne les phénomènes conditionnés et l'inépuisable les inconditionnés. Or qui se prétend bodhisattva ne détruit pas plus les conditionnés qu'il ne se fige dans l'Inconditionné.

Ne pas détruire les conditionnés, c'est ne point renoncer à la grande bienveillance et à la grande compassion. C'est engendrer profondément l'esprit d'Omniscience et ne plus jamais l'oublier.

C'est inlassablement instruire et aider les êtres animés.

Toujours se rappeler la conduite adéquate relativement à la méthode des quatre attraits.

Détenir et protéger le juste Dharma au risque même de sa vie.

Planter des racines de bien sans jamais se lasser.

Fixer le bien à jamais en recourant habilement à la dédicace des mérites.

Inlassablement rechercher des enseignements sur le Réel, enseigner le Réel sans rien en garder pour soi et honorer d'offrandes les bouddhas.

Plonger dans le cercle des morts et des renaissances en ne redoutant rien, en ne se réjouissant pas de la gloire et en ne s'attristant pas de la honte, sans mépris pour les non-pratiquants et en respectant les pratiquants comme des bouddhas.

Amener celui qui tombe dans l'émotion négative à rectifier sa pensée.

Ne pas surestimer les plaisirs du détachement.

Ne pas s'attacher à son propre plaisir mais du plaisir d'autrui faire une fête.

Se sentir en enfer dans les recueillements et les concentrations.

Tourner dans le cercle des morts et des

renaissances comme s'il s'agissait d'une promenade dans un parc d'agrément.

Voir tout quémandeur comme son maître spirituel.

Renoncer à toutes ses possessions pour l'accomplissement de l'Omniscience.

À la vue d'un homme qui viole la discipline, avoir envie de l'aider et de le protéger.

Considérer les vertus transcendantes comme ses père et mère.

Tenir les méthodes auxiliaires de l'Éveil pour ses proches parents.

S'ingénier à purifier son pays en le parant de toutes les splendeurs pour parfaire sa propre terre de bouddha.

S'adonner à la générosité illimitée pour accomplir les marques majeures et mineures de la beauté parfaite.

Chasser tout mal pour purifier son corps, sa parole et son esprit.

Ne pas perdre courage pendant d'innombrables kalpas en tournant dans le cercle des morts et des renaissances.

Inlassablement chercher à imiter les qualités démesurées des bouddhas.

Brandir l'épée de la connaissance transcendante pour abattre les émotions négatives, ces brigands.

S'extraire des agrégats, des domaines et des sources pour prendre en charge tous les êtres et constamment les amener à la libération.

Persévérer jusqu'à anéantir les hordes de Mâra.

Constamment aspirer à la non discursive connaissance de l'Apparence réelle.

Pauvre en désirs et toujours satisfait, ne pas déroger aux lois du siècle.

Ne pas enfreindre les règles du bon maintien et connaître les usages pour les respecter.

User de prescience magique pour guider les êtres.

User des formules de mémoire pour n'oublier aucun enseignement.

Résoudre les doutes de chacun en ayant dûment discerné ses facultés.

Enseigner sans ambages pour jouir de la sainte éloquence.

Se purifier sur la voie des dix actes positifs pour jouir du bonheur des hommes et des dieux.

Cultiver la bienveillance, la compassion, la joie et l'équanimité immensurables pour ouvrir l'accès aux cieux de Chasteté.

Inviter les bouddhas à enseigner le Dharma, se réjouir du bien qu'ils font et chanter leur louange pour acquérir une voix de bouddha.

Faire le bien en acte, en parole et en pensée pour acquérir la noble prestance d'un bouddha.

Pratiquer le bien au sens profond pour transformer ses actes en hauts faits suprêmes.

Devenir moine-bodhisattva selon les enseignements du Grand Véhicule :

» Toutes ces pratiques montrent comment le bodhisattva ne détruit pas les conditionnés.

» Qu'est-ce que, pour le bodhisattva, ne pas se figer dans l'Inconditionné ?

C'est étudier et pratiquer la vacuité sans en faire l'objet de sa réalisation.

Étudier et pratiquer le vide, le sans-caractéristique et le sans-souhait mais ne pas en faire les objets de sa réalisation.

Étudier et pratiquer le sans-production mais ne pas en faire l'objet de sa réalisation.

Reconnaître l'impermanence sans renoncer au fondement du bien.

Contempler les souffrances du monde sans haïr le cercle des morts et des renaissances.

Contempler l'inexistence du moi en continuant d'instruire les autres inlassablement.

Contempler le nirvâna sans s'y abîmer à jamais.

Contempler le détachement en cultivant le bien en acte et en pensée.

Contempler l'inexistence du But et tendre au but du bien.

Contempler le néant de la naissance et renaître pour prendre en charge tous les êtres.

Contempler le non-pollué sans détruire les phénomènes pollués.

Contempler l'inexistence de toute pratique et pratiquer le Dharma pour instruire et aider tous les êtres animés.

Contempler le néant et le vide sans renoncer à la compassion.

Contempler l'Exactitude sans obéir au Petit Véhicule.

Contempler les choses et voir qu'elles sont illusoires, sans solidité ni individualité, sans propriétaire ni visage, mais, n'ayant pas encore réalisé tous ses vœux, ne rien trouver de vide dans les mérites, la concentration et la sagesse.

Toutes ces méthodes permettent au bodhisattva de ne pas se figer dans l'Inconditionné.

Mais encore :

C'est pour parfaire ses mérites que le bodhisattva ne se fige pas dans l'Inconditionné, et pour parfaire sa sagesse qu'il ne détruit pas les conditionnés.

C'est par bienveillance et compassion qu'il ne se fige pas dans l'Inconditionné, et pour réaliser son vœu fondamental qu'il ne détruit pas les conditionnés.

C'est pour recueillir les médecines du Dharma qu'il ne se fige pas dans l'Inconditionné, et pour prescrire et distribuer ces médecines qu'il ne détruit pas les conditionnés.

C'est pour connaître la maladie de chaque être qu'il ne se fige pas dans l'Inconditionné, et pour résoudre la maladie de chaque être qu'il ne détruit pas les conditionnés.

» Nobles seigneurs, voilà pourquoi le bodhisattva s'exerce à ces deux choses : ne pas détruire les conditionnés et ne pas se fixer dans l'Inconditionné. Voilà donc la méthode de libération appelée "Épuisable et Inépuisable", que vous devriez étudier.

À l'audition de cet enseignement, les bodhisattvas visiteurs exultèrent d'une joie immense. Ils répandirent des fleurs merveilleuses de toutes les couleurs, d'où jaillissaient tous les parfums, et qui bientôt remplirent le milliard de mondes de notre univers, à titre d'offrandes au Bouddha, à ses enseignements tels qu'on les trouve dans ce soûtra, et à tous les bodhisattvas d'Endurance. Après quoi ils se prosternèrent aux pieds du Bouddha en criant merveille.

— Le bouddha Shâkyamuni, disaient-ils, est vraiment expert en expédients salutaires à ce monde.

Sur ce, ils disparurent tout d'un coup et regagnèrent leur royaume.

Chapitre XII

Vision du bouddha Imperturbable

Le Vénéré du monde demanda alors à Vimalakîrti :
— Vous vouliez voir le Tathâgata. Comment faites-vous pour « voir le Tathâgata » ?

Vimalakîrti répondit :

Je vois le Bouddha exactement comme je vois ma propre Apparence réelle.

Je vois que Celui qui Vient de l'Ainsité ne vient pas du passé, qu'il ne se rend pas dans l'avenir et que, à l'instant présent, il ne dure pas un instant.

Je ne vois pas de forme matérielle, pas d'ainsité de la forme, ni d'essence de la forme. Je ne vois pas de sensations, de représentations, de formations ni de consciences. Je ne vois pas l'ainsité de la conscience du Tathâgata, ni l'essence de sa conscience.

Son corps n'est pas le produit des quatre grands éléments ; il évoque plutôt l'espace vide.

Il n'accumule pas d'actes liés aux six sources de la perception car il transcende les sens et l'esprit.

N'habitant pas le triple monde, il est totalement dégagé des trois types de souillures.

Conformément aux trois portes de la liberté, il détient les trois sciences claires à égalité avec l'ignorance.

Ni un ni multiple, ni même ni autre, ni saisissable ni néant, ni immanent ni transcendant, ni immanent-et-transcendant, il transforme pourtant les êtres.

Je le vois s'éteindre dans la paix sans s'y éteindre à jamais.

Ni ceci ni cela, ni pour ceci ni pour cela, il est inconnaissable et nulle conscience ne peut en faire son objet.

Ni clair ni obscur, sans nom ni caractéristique, sans dureté ni mollesse, sans pureté ni souillure, nulle part et toujours quelque part, ni conditionné ni inconditionné, il ne se montre ni ne s'explique.

Il n'est ni généreux ni avare, ni discipliné ni indiscipliné, ni patient ni colérique, ni diligent ni paresseux, ni concentré ni distrait, ni sage ni fou, ni sincère ni fourbe.

Il ne va ni ne vient, ne sort ni n'entre.

Il fait taire tous les mots.

Ni champ de bonheur ni champ de malheur, ni digne d'offrande ni indigne d'offrande, nul ne peut se saisir de lui, nul ne peut le repousser.

Ni être ni non-être, on dirait la Cime du Réel et la nature des choses : innommable et immensurable, il dépasse toute mesure et transcende toute catégorie.

Ni grand ni petit, invisible et inaudible, il ne relève ni du sensible ni de l'intelligible.

Absolument dégagé des entraves et des liens, il connaît l'égalité de toutes les intelligences et se confond avec les êtres ordinaires : entre toutes choses et lui, il n'est pas de discrimination possible.

N'ayant rien acquis, le Tathâgata ne perd rien : sans émotion ni souillure, incréé, ce n'est pas un produit. Sans naissance, il n'a pas de cessation.

Il ignore la peur, la tristesse, la préférence et la détestation. Il n'existait pas, n'existera pas et n'existe pas. Il est impossible de le révéler à l'aide de quelque discrimination verbale que ce soit.

» Ô Vénéré du monde, voilà comment je vois le corps de Celui qui Vient de l'Ainsité : le voir ainsi, c'est vision juste. Le voir autrement, vision fausse.

Shâriputra interrogea alors Vimalakîrti :

— Où avez-vous disparu pour renaître ici ?

— La vérité que vous avez atteinte, répondit Vimalakîrti, disparaît-elle pour renaître ?

— Elle ne disparaît ni ne renaît, dit Shâriputra.

— Alors, si les phénomènes ne disparaissent pas davantage qu'ils ne renaissent, pourquoi m'avez-vous demandé où j'avais disparu pour renaître ici ? Dites-moi encore : comment les hommes et les femmes créés par le magicien disparaîtraient-ils pour renaître ?

— Ils ne disparaissent pas, dit Shâriputra, ni ne renaissent.

— N'avez-vous jamais entendu le Bouddha expliquer que tous les phénomènes étaient comparables à des illusions magiques?

— Je l'ai entendu.

— Alors, dit Vimalakîrti, si tous les phénomènes sont comparables à des illusions magiques, pourquoi m'avez-vous demandé où j'avais disparu pour renaître ici?

» Ô Shâriputra, le mot "disparition" désigne la destruction de phénomènes vides et mensongers; et le mot "naissance", la continuation de phénomènes vides et mensongers.

Le Bouddha dit à Shâriputra :

— Il existe un royaume du nom de «Plaisirs Transcendants» dont le bouddha s'appelle «Imperturbable» : c'est dans ce royaume que Vimalakîrti a disparu pour renaître ici.

— Ô Vénéré du monde, s'exclama Shâriputra, n'est-il pas inouï que cet homme ait le pouvoir de renoncer à une terre très-pure pour venir s'ébattre en ces lieux où règnent la colère et l'agressivité!

Vimalakîrti s'adressa à Shâriputra :

— Dites-moi plutôt, révérend : au moment où le soleil darde son premier rayon, pensez-vous que sa lumière se mélange à l'obscurité?

— Non. Le soleil et les ténèbres ne sauraient coexister.

— Pourquoi alors le soleil parcourt-il le ciel au-dessus de notre continent?

— Pour, de son éclat, en chasser toutes les ténèbres.

— De même en est-il du bodhisattva, dit Vimalakîrti. Il renaît dans une terre de bouddha impure pour aider les êtres qui y vivent mais en aucun cas ne s'associe à l'obscure ignorance : il ne fait qu'éteindre les ténèbres de ces émotions qui torturent les êtres.

L'immense assemblée n'eut plus alors qu'un seul désir : voir l'univers des Plaisirs Transcendants et le tathâgata Imperturbable, de même que la foule de ses bodhisattvas et de ses Auditeurs.

Connaissant le désir de chacun de ceux qui l'écoutaient, le Bouddha s'adressa à Vimalakîrti :

— Fils de bonne famille, dit-il, vous devriez manifester, pour le bien de cette assemblée, le royaume des Plaisirs Transcendants et le tathâgata Imperturbable, de même que la foule de ses bodhisattvas et de ses Auditeurs, car tous ici aimeraient les contempler.

Vimalakîrti se fit alors cette réflexion : Sans me lever de ma couche, je vais me saisir du royaume des Plaisirs Transcendants avec sa ceinture de fer et tout ce qu'elle retient : montagnes, rivières, torrents, vallées, canaux, fleuves, mers, sources, monts Meru et palais – palais des soleils, des lunes et des constellations, palais des dieux et des dragons, palais des bons esprits et des mauvais démons... Un univers avec ses Brahmâs et ses dieux, ses bodhisattvas et ses Auditeurs, ses citadelles, ses villes, ses bourgs et ses hameaux, ses hommes et ses femmes, les grands comme les petits – un monde peuplé de toutes sortes d'êtres jusques et y compris le tathâgata Imperturbable lui-même, sans négliger l'arbre de son Éveil et ses fleurs de lotus merveilleuses, lesquelles ont le pouvoir de répandre ses activités dans les dix orients ; un monde où trois escaliers de pierreries relient la terre du Jambudvîpa au ciel des Trente-Trois Dieux – ces précieux escaliers que les dieux descendent quand ils veulent se prosterner aux pieds du Tathâgata et lui rendre hommage, pour entendre de sa bouche et recevoir de lui textes et méthodes, ces mêmes précieux degrés que les habitants du Jambudvîpa peuvent gravir pour se rendre chez les Trente-Trois Dieux. Bref, cet univers des Plaisirs Transcendants est pourvu d'innombrables qualités parfaites, et même s'il s'élève jusqu'à l'Empyrée et rejoint en bas la surface des eaux, je vais le cueillir de la main droite avec le geste du potier qui empoigne sa roue et le glisser dans notre univers comme si, me saisissant d'une simple couronne de fleurs, je la montrais à tous.

Ayant ainsi réfléchi, Vimalakîrti entra en samâdhi et ses pouvoirs magiques manifestèrent toute leur puissance. De la main droite, il cueillit l'univers des Plaisirs Transcendants et le posa sur notre terre. Les bodhisattvas et les Auditeurs de cet univers qui étaient doués de prescience, de même que les dieux et certains êtres humains, poussèrent un seul cri :

— Vénéré du monde, on nous enlève. Aidez-nous !

— Je n'y peux rien, dit le bouddha Imperturbable. Tout cela est le fait des pouvoirs magiques de Vimalakîrti.

Quant aux autres, ceux qui n'avaient acquis la moindre prescience, ils ne se rendirent point compte qu'on les avait déplacés. Bien qu'inséré dans notre monde, l'univers des Plaisirs Transcendants n'avait ni diminué ni augmenté ; et notre univers n'avait pas rétréci pour autant : tout était comme auparavant.

Alors le bouddha Shâkyamuni s'adressa à toutes les congrégations de l'immense assemblée :

– Contemplez, dit-il, l'univers des Plaisirs Transcendants et le tathâgata Imperturbable, contemplez les ornements qui parent son royaume, la pureté des pratiques de ses bodhisattvas et la blancheur immaculée de ses Auditeurs !

Tous de répondre :

– Oh, nous les voyons !

Le Bouddha poursuivit :

– Le bodhisattva qui veut acquérir une terre de bouddha très-pure comme celle-ci étudiera la voie sur laquelle le tathâgata Imperturbable pratiqua.

À la vision du royaume des Plaisirs Transcendants, quatorze nayutas d'êtres humains de l'univers d'Endurance engendrèrent l'esprit de l'insurpassable Éveil authentique et parfait en formant le vœu de renaître dans la terre de bouddha des Plaisirs Transcendants, et le bouddha Shâkyamuni leur prédit sur-le-champ qu'ils y renaîtraient effectivement.

Alors, quand il eut accompli le bien de ceux qui y étaient sensibles dans notre monde, l'univers des

Plaisirs Transcendants regagna son emplacement originel, et tous le virent qui s'élevait dans le ciel.

Le Bouddha dit à Shâriputra :

— Avez-vous vu l'univers des Plaisirs Transcendants et le tathâgata Imperturbable ?

— Oui, répondit Shâriputra, je les ai vus.

Et il poursuivit :

— Ô Vénéré du monde, puissent tous les êtres acquérir une terre pure à l'instar du bouddha Imperturbable ! Puissent-ils maîtriser les pouvoirs magiques comme Vimalakîrti !

» Vénéré du monde, quels bienfaits immédiats n'avons-nous pas éprouvés en rencontrant cet homme et en l'approchant pour l'honorer d'offrandes ! Tout être qui aura entendu ce soûtra, aujourd'hui ou après l'Extinction du Bouddha, en tirera les mêmes bienfaits. Plus encore ceux qui, l'ayant entendu, y ajouteront foi, le comprendront, le recevront et le retiendront, le liront et le réciteront, le commenteront, l'enseigneront et le pratiqueront selon le Dharma.

» L'être qui recevra ce texte en mains propres considérera qu'il a trouvé le précieux Joyau du Dharma ; s'il le lit, le récite, le comprend et en explique le sens tout en le pratiquant comme il a été enseigné, il entrera dans le cœur des bouddhas pour être leur protégé, et tous ceux qui honoreront cet homme honoreront le Bouddha lui-même.

» Le Tathâgata fréquente la demeure de ceux qui copient et préservent ce texte. L'être qui se réjouit à l'audition de ce soûtra marche vers l'Omniscience, et il est prédit que celui qui a foi dans ce texte et l'enseigne aux autres – n'en serait-ce qu'une seule stance – atteindra l'insurpassable Éveil authentique et parfait.

Chapitre XIII

L'offrande du Dharma

Un Indra seigneur des dieux qui se trouvait dans l'assemblée dit alors au Bouddha :

— Vénéré du monde, j'ai déjà entendu, de la bouche du Bouddha et de Mañjushrî, des soûtras par centaines et par milliers. Mais jamais je n'avais entendu ce texte inconcevable, souverain et magique où l'Apparence réelle se trouve définitivement déterminée. Si j'ai bien compris les enseignements de l'Éveillé, les êtres qui entendent les vérités décrites dans ce texte et y ajoutent foi, les comprennent, les acceptent, les retiennent, lisent et récitent, il ne fait aucun doute que ces êtres réaliseront lesdites vérités ; et ce, d'autant plus s'ils pratiquent les enseignements de ce soûtra. Ils fermeront les portes des mauvaises destinées en ouvrant celles de tous les bienfaits ; ils seront les protégés de tous les bouddhas, soumettront les voies extérieures et élimineront les Mâras pleins de haine ; ils cultiveront l'Éveil, dresseront le trône quintessentiel de l'Éveil et marcheront dans les pas du Tathâgata.

» Vénéré du monde, quels que soient les êtres qui recevront ce texte, le retiendront, le liront, le réciteront et appliqueront ses enseignements, nous nous chargerons, mon entourage et moi, de subvenir à tous leurs besoins. Nous nous rendrons partout où se trouvera ce soûtra, que ce soit dans un village ou une grande cité, dans la forêt ou le désert, pour l'entendre et le recevoir. Nous inspirerons la foi à ceux qui n'y croient pas, et ceux qui y croient, nous les protégerons.

Le Bouddha répondit :

— Bravo, Seigneur des dieux ! Tes paroles ne font qu'ajouter à ma joie. Ce soûtra explique en détail l'inconcevable Éveil insurpassable, authentique et parfait des bouddhas du passé, du futur et du temps présent. En conséquence, ô Seigneur des dieux, les fils et les filles de bonne famille qui recevront ce soûtra le retiendront, le liront, le réciteront et l'honoreront, honoreront par là même les bouddhas du passé, du futur et du temps présent.

» Imagine, Seigneur des dieux, que notre milliard de mondes déborde de tathâgatas, qu'il y en ait autant que de cannes à sucre, de bambous, de roseaux, de pieds de riz, de chanvre, ou d'arbres dans la jungle. Imagine ensuite des fils et des filles de bonne famille qui, pendant tout un kalpa ou même un kalpa décroissant, les adoreraient, les vénéreraient, chanteraient leur louange, leur feraient des offrandes et les serviraient, puis, ces bouddhas s'étant éteints, de chacun ils recueilleraient toutes les reliques pour les enchâsser dans un stoûpa construit avec les sept matières les plus précieuses, aussi large qu'un monde à quatre continents, haut comme les cieux de Chasteté et couvert des ornements qui ornent les champs purs, pour en faire d'absolues merveilles de subtilité réunissant toutes les fleurs, tous les parfums, les guirlandes, drapeaux, bannières, acrobates et musiciennes... Imagine que pendant tout un kalpa, voire un kalpa décroissant, ils fassent encore des offrandes à tous ces stoûpas, et dis-moi, Seigneur des dieux, si ces gens ont produit de nombreux mérites.

Indra Seigneur des dieux répondit :

— De très nombreux mérites, ô Vénéré du monde, si nombreux qu'on ne pourrait les énoncer le temps que durent cent, mille, voire dix mille kalpas.

Le Bouddha dit au Seigneur des dieux :

— Sache que les fils et les filles de bonne famille qui entendent ce *Soûtra de la Liberté inconcevable*, y croient, le comprennent, le reçoivent et le retiennent, le lisent, le récitent et le pratiquent, produisent encore plus de mérites. Pourquoi ? Parce que c'est de ce soûtra que jaillit l'Éveil de tous les Éveillés. Or nul ne peut évaluer cet éveil et c'est pour cette raison que leurs mérites sont incalculables.

Le Bouddha dit alors au Seigneur des dieux :

— Jadis, il y a un nombre incalculable de kalpas démesurés, il y avait un bouddha du nom de «Roi des Médecins», tathâgata, arhat digne d'offrande, omniscient, pourvu de l'intelligence et des jambes, bien-allé, libéré du siècle, maître spirituel des hommes et des dieux, Éveillé et Vénéré du monde ; son univers s'appelait « Grands Ornements » et son kalpa « Ornements » ; il était âgé de vingt petits kalpas ; ses moines Auditeurs étaient au nombre de trois cent soixante millions de nayutas ; et ses moines bodhisattvas au nombre de cent vingt millions.

» Ô Seigneur des dieux, il y avait alors un souverain cosmique du nom de "Précieux Parasol" qui, en possession des sept trésors, régnait sur les quatre continents d'un monde. Ce souverain cosmique avait mille fils aussi justes que braves, lesquels auraient pu soumettre l'ennemi le plus vindicatif. En ce temps-là, Précieux Parasol et sa cour firent offrandes au tathâgata Roi des Médecins et leurs offrandes ne durèrent pas moins de cinq kalpas. Après quoi le souverain cosmique s'adressa à ses mille fils : "Vous devriez, à mon exemple, faire offrandes au Bouddha avec une aspiration profonde." Dès lors, les mille fils obéissant à leur père firent offrandes au tathâgata Roi des Médecins. Cela leur prit cinq autres kalpas durant lesquels ils firent l'harmonieuse offrande de toutes choses. L'un d'eux, du nom de « Dais de Lune », s'était retiré dans la solitude et réfléchissait : il se demandait s'il n'était pas possible d'honorer mieux encore le Bouddha. Et voici que, par la bénédiction du Bouddha, une déité apparut dans le ciel.

— Fils de bonne famille, dit-elle à Dais de Lune,

l'offrande du Dharma est supérieure à toutes les offrandes.

— Qu'appelez-vous "offrande du Dharma" ?

— Allez le demander au tathâgata Roi des Médecins, dit la déité. Il vous expliquera tout sur l'offrande du Dharma.

Dais de Lune se rendit sur-le-champ auprès du tathâgata Roi des Médecins. Il se prosterna à ses pieds, puis se tint devant lui pour l'interroger.

— Vénéré du monde, dit-il, l'offrande du Dharma est suprême entre toutes les offrandes. Mais que désigne l'expression "offrande du Dharma" ?

Le Bouddha répondit :

— L'offrande du Dharma, c'est l'objet même des textes profonds enseignés par les bouddhas, objet qui se refuse à la confiance et à l'acceptation des mondains tant sa merveille est subtile et difficile à percevoir : une pureté absolument immaculée, inaccessible à la seule pensée discriminante, le trésor de la bibliothèque des bodhisattvas marqué au sceau de la dhâranî.

» L'offrande du Dharma se déroule sans jamais régresser ; elle accomplit les six vertus transcendantes, discerne le sens de chaque chose, obéit aux réalités de l'Éveil et domine toutes les écritures ; imprégnée de grande bienveillance et de grande compassion, elle est libre de toutes les préoccupations diaboliques et de toutes les philosophies perverses ; conforme à la production interdépendante, on n'y trouve ni moi ni autre, ni être animé ni longévité ; elle est vide, sans caractéristique, sans souhait et sans production.

» L'offrande du Dharma, c'est ce qui permet aux êtres ordinaires d'accéder au trône quintessentiel de l'Éveil et de mettre en branle la roue des enseignements sur le Réel. Les dieux et les dragons, les gandharvas et les créatures de ce genre ne cessent de chanter en chœur sa louange.

» L'offrande du Dharma, c'est ce qui permet aux êtres ordinaires d'accéder à la bibliothèque de la bouddhéité : elle englobe toutes les connaissances des sages et des saints, et explique la voie d'Éveil que suivent tous les bodhisattvas. Fondée sur l'Apparence réelle de toutes choses, elle proclame et explique l'impermanence, la souffrance, la vacuité, l'inexistence du soi et l'extinction dans la paix.

» L'offrande du Dharma se porte au secours de tous ceux qui violent les préceptes de leur discipline ; quant aux Mâras, aux adeptes des voies hostiles au Dharma, ou encore, aux réalistes dirigés par le désir, elle est à même de les paralyser d'effroi.

» Chantée en chœur par tous les Éveillés, les sages et les saints, cette offrande détourne les êtres des souffrances de la mort et de la renaissance en leur montrant la félicité du nirvâna, ainsi que l'enseignent les bouddhas de tous les espaces et de tous les temps.

» Ayant pris connaissance d'un texte comme celui-ci, y ajouter foi, le comprendre, le recevoir, le retenir, le lire et le réciter, recourir aux méthodes habiles pour l'expliquer avec discernement et en dévoiler, clairement et distinctement, le sens, voilà comment l'on préserve le Dharma, et voilà ce que désigne l'expression "offrande du Dharma".

» Par ailleurs, s'exercer en toutes choses selon les enseignements des textes profonds, respecter le dodécuple cycle de la production interdépendante, s'écarter au plus profond de toutes les philosophies inexactes, gagner la patience à l'égard du néant de la naissance, déterminer l'inexistence du moi et des autres, ne pas refuser ni contester les effets karmiques de la production interdépendante tout en se détachant des siens,

Se fonder sur le sens et non sur les mots,
Sur la sagesse et non sur la discrimination,
Sur le définitif et non sur le provisoire,
Sur l'enseignement et non sur celui qui enseigne ;

» Respecter les facteurs de la production interdépendante, lesquels ne surgissent de nulle part et nulle part ne se réabsorbent, c'est voir que l'ignorance est ultimement irréelle, partant, que les formations karmiques le sont aussi, et ainsi de suite jusqu'à la naissance, qui s'avère ultimement irréelle, et en conséquence le vieillissement et la mort aussi. Si bien qu'en voyant les choses de la sorte on découvre que les douze facteurs de la production interdépendante sont proprement indéfectibles. Ne plus avoir alors quelque opinion philosophique que ce soit, c'est bien cela qu'on appelle "suprême offrande du Dharma".

Le bouddha Shâkyamuni poursuivit son récit à l'adresse du Seigneur des dieux :

— Au terme de cet enseignement du bouddha Roi des Médecins, le prince Dais de Lune parvint à une douce résignation quant au néant de la naissance. Il se dégagea des luxueuses soieries dont il était vêtu et les présenta en offrande au Bouddha avec ces mots :

— Vénéré du monde, je m'adonnerai à l'offrande du Dharma quand vous vous serez éteint, ô vous qui venez de l'Ainsité, pour préserver le juste Dharma. Que vos divines bénédictions me donnent la force de vaincre les maléfices de Mâra et de cultiver les pratiques des bodhisattvas !

» Connaissant la profondeur de son aspiration, le Bouddha lui annonça que, lors de la période finale du Dharma, il serait le défenseur de la citadelle des Enseignements.

» Ô Seigneur des dieux, le prince Dais de Lune entendit la prophétie du Bouddha et vit la toute-pureté des choses. Gagné par la foi, il devint moine pour se consacrer au bien. Avant longtemps son ardeur lui accorda la maîtrise des cinq pouvoirs magiques, la connaissance de la voie des bodhisattvas, les formules-de-mémoire et une éloquence intarissable. Après l'Extinction du bouddha Roi des Médecins, il recourut à ses pouvoirs magiques, à ses formules-de-mémoire et à son éloquence pour poursuivre et répandre les enseignements du bouddha Roi des Médecins pendant une période de dix petits kalpas.

» Prêcheur inlassable et enthousiaste défenseur du Dharma, Dais de Lune en moine mendiant convertit dix mille milliards d'êtres humains qui s'établirent dans l'insurpassable Éveil authentique et parfait ; quatorze autres nayutas d'êtres humains s'engagèrent dans la voie des Auditeurs et des bouddhas-par-soi ; et un nombre incalculable d'êtres animés renaquirent dans les sphères célestes.

» Ô Seigneur des dieux, qu'est-il advenu du souverain cosmique Précieux Parasol ? Aujourd'hui, il est bouddha : le tathâgata Précieuse Flamme. Les princes ses mille fils ne sont autres que les mille bouddhas de la Bonne Ère, dont le premier fut Krakucchanda et le dernier sera Rucika. Quant au moine Dais de Lune, c'est moi.

» Voilà, ô Seigneur des dieux, l'essentiel de ce qu'il faut savoir sur l'offrande du Dharma, offrande suprême entre toutes, incomparable et absolue. En conséquence, ô Seigneur des dieux, il convient de faire au Bouddha l'offrande du Dharma.

Chapitre XIV

Dépôt du soûtra

Le Bouddha s'adressa alors au bodhisattva Maitreya :

— Ces réalités de l'insurpassable Éveil authentique et parfait que j'ai rassemblées au cours d'incalculables dizaines de millions de kalpas démesurés, ô Maitreya, voici qu'à présent je te les confie et transmets. C'est bien ce type de soûtras parfaits qu'il te faudra, pendant la période finale du Dharma qui viendra après l'extinction du Bouddha, répandre et proclamer par tout le Jambudvîpa.

» Pourquoi ? Parce que, dans le futur, il se trouvera des fils et des filles de bonne famille, de même que des dieux, des nâgas, des esprits, des mangeurs-de-parfum, des rakshasas et d'autres bons génies qui, ayant engendré l'esprit de l'insurpassable Éveil authentique et parfait, aimeront les grandes vérités sur le Réel. Or, s'ils ne peuvent entendre de soûtras comme celui-ci, ils perdront tous les bienfaits dont ils pouvaient se prévaloir.

» Car l'audition de ce type de soûtra inspire aux êtres de cette trempe une grande confiance et, débordant de joie, ils en apprécient l'extrême rareté. Ils portent le texte au sommet de leur tête en signe de vénération et l'expliquent en détail à tous ceux qui, sensibles à ces enseignements, peuvent en tirer profit.

» Sache, ô Maitreya, qu'il y a deux catégories de bodhisattvas : ceux qui aiment le style et la littérature, et ceux qui ne craignent pas le sens profond où ils peuvent s'enfoncer selon le Réel. Sache que les bodhisattvas épris de style et de littérature ne sont que des débutants. Mais les autres, ceux qui ne redoutent pas les textes abyssaux, immaculés et insaisissables comme celui-ci, et qui peuvent s'y plonger, avoir l'esprit purifié rien qu'en l'écoutant, le recevoir, le retenir, le lire et le réciter tout en pratiquant ce qu'il enseigne, sache, ô Maitreya, que ces bodhisattvas-là sont des pratiquants de longue date.

» Mais il y a par ailleurs deux choses qui empêchent les bodhisattvas débutants de se décider pour ce qu'il y a de plus profond. D'une part, ils craignent les soûtras profonds qu'ils entendent pour la première fois, ils doutent de leur sens et ne peuvent les respecter. Ils les critiquent violemment car ils n'en croient pas un mot sous le prétexte qu'ils n'en avaient jamais entendu parler et qu'il s'impose d'en chercher les origines exactes. D'autre part, ils n'osent approcher, honorer et vénérer ceux qui préservent, retiennent, comprennent et enseignent un soûtra profond comme celui-ci – à moins qu'ils n'en cherchent, tout bonnement, les défauts. Voilà deux choses auxquelles les bodhisattvas débutants se blessent et qui les empêchent de contrôler leur esprit lorsqu'ils entendent des enseignements profonds.

» Ô Maitreya, voici encore deux choses à quoi le bodhisattva se blesse, même s'il croit au sens profond et le comprend, deux choses qui l'empêchent de gagner la patience à l'égard du néant de la naissance. D'une part, s'il méprise les bodhisattvas débutants et ne cherche pas à les instruire ; d'autre part, s'il croit au sens profond et le comprend mais en saisit l'apparence sur le mode discriminant.

À ces paroles, le bodhisattva Maitreya dit au Bouddha :

– Vénéré du monde, voilà qui est inouï ! Je vous obéirai, ô Éveillé, et me tiendrai loin à l'écart de ces mauvaises choses en préservant avec vénération les réalités de l'insurpassable Éveil authentique et parfait que vous avez rassemblées, vous qui venez de l'Ainsité, au cours d'innombrables kalpas démesurés. Et si, dans le futur, il se trouve des fils et des filles de bonne famille qui aspirent au Grand Véhicule, je leur remettrai ce texte en main propre et leur insufflerai assez d'attention et de mémoire pour qu'ils puissent le recevoir, le retenir, le lire et le réciter afin de l'expliquer par le menu à d'autres êtres encore.

» Ô Vénéré du monde, si, pendant la période finale des enseignements, il se trouve des êtres capables de recevoir ce texte, de le retenir, le lire et le réciter tout en l'enseignant aux autres, on saura que ce pouvoir leur vient des bénédictions de Maitreya.

– Bravo, dit le Bouddha, bravo, Maitreya ! Tes paroles ajoutent à la joie de l'Éveillé.

Tous les bodhisattvas s'adressèrent alors au Bouddha en joignant les mains :

– Nous aussi, clamèrent-ils, quand le Tathâgata se sera éteint, nous répandrons par les royaumes et les terres des dix vents de l'espace les réalités de son insurpassable Éveil authentique et parfait, nous en instruirons tous ceux qui enseignent le Dharma et leur procurerons ce soûtra.

Alors, les Quatre Grands Rois Célestes déclarèrent au Bouddha :

– Vénéré du monde, partout où il se trouvera des êtres en possession de cet ouvrage pour le lire, le réciter, le comprendre et l'expliquer, que ce soit dans les villes ou les villages, les montagnes, les jungles ou les déserts, nous emmènerons nos officiers pour ensemble écouter le Dharma : nous nous rendrons chez ces êtres, les assisterons et les protégerons. À cent yojanas à la ronde nul ne pensera à profiter d'eux en cachette.

Le Bouddha dit alors à Ânanda :

– Reçois ce soûtra, et retiens-le pour le propager en tout lieu !

– Certes, dit Ânanda. J'en ai déjà reçu et retenu l'essentiel. Vénéré du monde, quel en sera le titre ?

– Ô Ânanda, dit le Bouddha, ce soûtra a pour

titre : *Les Enseignements de Vimalakîrti*, et encore : l'*Accès au Réel dans la Liberté inconcevable* : ainsi le retiendras-tu.

Quand le Bouddha eut achevé de prononcer ce soûtra, le maître de maison Vimalakîrti, Mañjushrî, Shâriputra, Ânanda et les autres, de même que les grandes congrégations des hommes, des dieux et des demi-dieux, exultèrent d'avoir entendu ces enseignements du Bouddha : les ayant reçus avec foi, ils les pratiqueraient dans la vénération.

Glossaire technique
& choix terminologiques

On trouvera tous les renseignements nécessaires à la compréhension intellectuelle du présent soûtra en se référant au chef-d'œuvre d'Étienne Lamotte, *L'Enseignement de Vimalakîrti*, Institut Orientaliste de Louvain, 1962 ; ainsi qu'aux deux ouvrages suivants : Patrul Rinpoché, *Le Chemin de la Grande Perfection*, et Gampopa Seunam Rinchen, *Le Précieux Ornement de la Libération*, tous deux publiés aux éditions Padmakara.

Accès au Réel 法門 *dharmamukha* : enseignement d'Éveil.

Actes immuables 不動行 *acalakarma* : sans effets karmiques.

Affect négatif, ou douloureux, émotion négative, passion 煩惱 *klesha* : au nombre de trois (les « trois poisons »), ou de cinq, les émotions négatives principales désignent l'ignorance, la colère, le désir, l'orgueil et la jalousie.

Agrégats 蘊, 陰 *skandha* : les cinq agrégats constituent la personne. Ce sont les formes (la «matière»), les sensations, les représentations, les formations karmiques et les consciences.

Agrégats, domaines et sources 陰界入 : l'ensemble de la matière et de l'esprit. Les cinq agrégats, les dix-huit domaines et les douze (ou six) sources de perception.

Ainsi-venu 如來 *tathâgata* : traduction littérale du chinois. Cf. *tathâgata*.

Ainsité 真如 *tathatâ* : un des noms du Réel ineffable.

Ânanda 阿難 : serviteur et disciple le plus proche du Bouddha. Sa mémoire était telle qu'il retint aussi bien les soûtras que tous les propos de son maître éveillé.

Anuttarasamyaksambodhi 阿耨多羅三藐三菩提 : Kumârajîva préfère le mot sanskrit à sa traduction chinoise, qui signifie «Insurpassable Éveil authentique et parfait». Il veut rappeler par là que le sens du mot «Éveil» n'est connaissable que dans l'Éveil lui-même.

Apparence réelle 實相 *bhûtalakshana* : essence ou attribut non illusoire de la Chose-même; synonyme d'Ainsité, vacuité, etc.

Arhat 羅漢 : saint du Petit Véhicule.

Aspiration profonde 深心 *adhyâshaya*.

Asura 阿修羅 : demi-dieu, titan. L'une des cinq (ou

six) destinées du cercle des morts et des renaissances.

Auditeur 聲聞 *shrâvaka* : grand disciple, premier disciple ; adepte du Petit Véhicule.

Auxiliaires de l'Éveil 助道之法 *bodhipakshika-dharma* : voir « Trente-Sept auxiliaires de l'Éveil ».

Bodhi 菩提 : Éveil total, l'objet même de la littérature bouddhique dans son ensemble.

Bodhisattva 菩薩 : être d'Éveil, celui ou celle qui, de vie en vie, n'a souci que d'éveiller tous les êtres, autrement dit, d'atteindre l'Éveil des bouddhas.

Bonne Ère 賢劫 *bhadrakalpa* : un kalpa, le nôtre, que mille bouddhas ont béni, béniront et bénissent de leur présence et de leurs enseignements, dont le bouddha Shâkyamuni est le quatrième.

Bouddha/bouddha 佛 *buddha* : Éveillé. Pourvu d'une majuscule, le terme désigne souvent le bouddha Shâkyamuni, l'éveilleur de l'univers d'Endurance.

Bouddha-par-soi 辟支佛 *pratyekabuddha* : mystique solitaire qui a atteint la libération de sa personne en méditant sur le dodécuple cycle de la production interdépendante de toutes les réalités.

Bouddhéité 佛 *buddha, buddhatâ* : « pur éveil infini ». Ce néologisme tend à souligner que le mot *bouddha* ne se réfère pas à un individu, un être devenu Dieu, en quelque sorte, mais toujours à l'Éveil qui englobe et transcende le tout de la pseudo-réalité du monde et du moi.

Brahmâ 梵 : créateur et maître d'un univers à quatre continents. Les univers étant infiniment nombreux, il y a d'innombrables dieux créateurs.

Cessation 滅, autre pôle de l'existence, de la durée ou de la subsistance, qui débute avec la «naissance».

Chignon Spiralé 螺髻梵天王 : Brahmâ roi des dieux de Chasteté d'un monde.

Cime du Réel 實際 *bhûtakoti*.

Cinq dégénérescences 五濁 *pañcakashâya* : notre espace-temps n'est plus l'Âge d'Or. La durée de la vie y est ridiculement brève ; les opinions philosophiques de plus en plus insignifiantes ; les émotions négatives de plus en plus puissantes ; les êtres animés chaque jour plus débiles ; et l'environnement n'a jamais connu pareille pollution. Ces cinq dégénérescences, ou formes de décadence, caractérisent les kalpas «décroissants», lesquels sont par ailleurs le siège des trois plus grands fléaux du monde, les épidémies, les famines et les guerres.

Cinq épaisseurs 五蓋 *nîvarana* : le désir, la colère, la somnolence, le remords et le doute en tant qu'ils «enveloppent» l'essence de l'esprit et en entravent le rayonnement.

Cinq facultés 五根 *indriya* : la foi, la persévérance, l'attention-mémoire, la concentration et la connaissance sont cinq facultés spirituelles qui se cultivent jusqu'à devenir cinq puissances de l'esprit du bodhisattva.

Cinq forces (puissances) 五力 *bala* : les cinq facultés ayant atteint leur plein épanouissement.

Cinq (ou six) pouvoirs magiques 神通, 五／六通 *abhijña* : pouvoirs nés de la connaissance du Réel. L'œil divin, l'oreille divine, la connaissance de la pensée d'autrui, la connaissance des existences passées et à venir, et la connaissance de la fin de toute pollution. Les pouvoirs magiques proprement dits (ssk *riddhividhi*) constituent parfois le sixième pouvoir de connaissance extraordinaire des êtres sublimes.

Cinq yeux 五眼 *cakshu* : l'œil physique, l'œil divin, l'œil de la connaissancce transcendante, l'œil du Réel et l'œil de l'Éveillé.

Concentration 禪 *dhyâna*.

Dédicace des mérites 回向 *parinâmana* : le bodhisattva ayant dûment constaté que le moi n'existe pas réellement, c'est toujours à tous les êtres que profite le bien qu'inlassablement il exerce.

Démons faméliques (monde des) 餓鬼 *preta*.

Destinées (les cinq ou six) 五／六趣 *gati* : le samsâra en tant que sphère d'existence se répartit en cinq ou six mondes, destinées, ou sphères d'apparence. Les mondes heureux sont ceux des hommes et des dieux, auxquels on peut ajouter le monde des demi-dieux. Quant aux trois mondes malheureux, ce sont, au plus bas, les enfers, ensuite, le monde des démons faméliques, et enfin, le monde des animaux.

Dhâranî 陀羅尼, 總持 : formule de mémoire parfaite.

Dharma 法 : le Réel ; avec un petit d : les réalités, phénomènes, choses, qualités, vérités, de même que les enseignements sur le Réel et les méthodes de libération.

Dilater (se) à l'infini 通達 : réaliser (ssk *abhisamaya*).

Discrimination 分別 *vikalpa* : plutôt que « concept(s) ».

Divins pouvoirs 神通 : voir « Cinq pouvoirs magiques ».

Dix actes nuisibles 十不善 *akushala* : tuer, voler, forniquer ; mentir, être grossier, semer la zizanie et bavarder ; convoiter, chercher à nuire et chérir des opinions extrémistes.

Dix forces (de l'Éveillé et des êtres d'Éveil) 十力 *dashabala* : le pouvoir de toujours distinguer le vrai du faux revient au bouddha, lequel est fort de neuf autres types de connaissance. La pensée altruiste, l'aspiration profonde, etc. constituent les dix forces du bodhisattva.

Dix titres du Bouddha 十號 : Ainsi-Venu, Digne de Vénération (ou d'offrandes, Arhat), Authentiquement et Parfaitement Éveillé, Détenteur de la Totalité des Sciences et des Pratiques, Bien-Allé, Dénoueur des Mondes, Être Suprême, Dompteur des Êtres de Cœur, Maître spirituel des Hommes et des Dieux, Éveillé et Vénéré du Monde.

Dix-huit domaines 十八界 *dhâtu* : les six facultés psycho-sensorielles (les cinq sens et l'esprit), leurs six objets (formes, sons, odeurs, saveurs, tangibles et phénomènes intelligibles) et les six consciences qui leur correspondent (visuelle, auditive, etc.).

Dix-huit qualités exclusives des bouddhas 不共法 *âvenikadharma*.

Douze sources de perception 十二入 *âyatana* : les six facultés psycho-sensorielles et leurs objets.

Dragon 龍 *nâga* : serpent plus ou moins géant à tête et/ou torse humains.

Dualisme 二見 *dvayadrishti : rituel immémorial de la «scission sujet-objet» en tout moment de vie ou acte de perception.

Émotion négative 煩惱 *klesha* : affect douloureux, passion.

Empirie : terme philosophique désignant le monde de l'expérience intelligible et sensible (psycho-sensorielle).

Empyrée 阿迦尼吒, 膩吒 *Akanishtha* : le ciel le plus élevé du monde de la Forme. Symbole de la «Cime du Réel» et du Réel en tant qu'«espace».

Endurance 娑婆 *Sahâ* : la terre pure-impure du bouddha Shâkyamuni, le bouddha dit «historique».

Entraves et liens 結縛 *samyojana-bandhana* : l'attachement, la répugnance, l'orgueil, l'ignorance, les points de vue arrêtés, la saisie (ou réification), le doute, la jalousie et l'avarice entravent l'homme, autant que le désir, l'aveuglement et la haine le couvrent de liens. Voilà tout ce dont il faut se libérer.

Épuisable et inépuisable 盡不盡 *kshayâkshaya*.

Érudit 多聞, au sens de «qui a beaucoup écouté, entendu le Bouddha», comme l'excellent Ânanda.

Essence réelle 實性 : essence du Réel, la vacuité.

Éveil 菩提 *bodhi*.

Exactitude 正位 : le nirvâna du Petit Véhicule.

Expédients 方便 *upâya* : méthodes ou moyens habiles.

Extinction dans la paix 寂滅 : nirvâna, cessation.

Fils et filles de bonne famille 善男子善女子 *kulaputra* : bodhisattvas.

Formations 行 *samskâra* : mentales, psychiques, karmiques.

Gandharva 乾闥婆 : mangeur-de-parfum, musicien céleste.

Garuda 迦樓羅 : aigle gigantesque dont l'aiglon s'envole au sortir de l'œuf.

Grand Véhicule 大乘 *mahâyâna* : lequel progresse sur la voie des bouddhas et des bodhisattvas jusqu'à l'insurpassable Éveil authentique et parfait.

Huit difficultés 八難 *akshana* : ces conditions éminemment adverses dans lesquelles il est impossible de s'exercer au Réel. Cf. *Le Chemin de la Grande Perfection* et *Le Précieux Ornement de la Libération, op. cit.*

Huit libérations 八解脱 *vimoksha* : la traversée des états contemplatifs les plus vastes et les plus profonds jusqu'à l'exactitude du nirvâna.

Huit perversions 八邪 *mithya* : le contraire de l'octuple sentier.

Ignorance 無明 *avidyâ* : le premier élément du dodécuple cycle de la production interdépendante – la source de tous nos malheurs.

Imperturbable 不動 *Akshobhya* : bouddha de la terre des Plaisirs Transcendants. L'un des cinq bouddhas centraux des mandalas les plus sublimes du bouddhisme tantrique.

Imposante divinité 威神 *adhishthâna* : bénédictions.

Inactif 無作 : différent du *wuzuo* par lequel Kumârajîva rend la troisième porte de la libération, classiquement traduite 無願, *wuyuan*, «sans-souhait», ce qui correspond exactement au sanskrit *apranihita* et qualifie le fruit de la voie, où il n'est plus rien à souhaiter.

Inapparence 無相 : absence d'apparence.

Inconditionné 無為 *asamskrita*.

Indra 帝釋 : chef des «Trente-trois dieux» védiques.

Insurpassable Éveil authentique et parfait, en chinois 無上正等覺, cf. *anuttarasamyaksambodhi*.

Jambudvîpa 閻浮提 : «Île des Jambosiers», le continent indien, le monde humain, la terre.

Kalpa 劫 : éon, ère. «L'unité appelée "kalpa", laquelle mesure la formation, l'existence, la destruction et l'inexistence d'un univers peuplé d'êtres vivants...» (Jigmé Lingpa). Unité de temps, mais aussi d'*espace*. Cf. Lamotte, *op. cit.*, p. 297 note.

Kaushika : nom de famille du dieu Indra.

Kinnara 緊那羅 : danseur «céleste» à tête de cheval ; au féminin, fée de l'air et danseuse céleste.

Krakucchanda 拘樓孫 : le premier des mille bouddhas de la Bonne Ère.

Kshetra 刹 : terre de bouddha, champ où s'exercent ses activités éveillées.

Liberté inconcevable 不可思議解脱 *acintyavimoksha*.

Mahoraga 摩睺羅伽 : grands serpents mythiques qui assistent aux enseignements du Bouddha.

Mañjushrî 文殊師利 : bodhisattva dévolu à la connaissance transcendante (ssk *prajñâpâramitâ*).

Mâra 魔 : le Mal, le Malin, l'Obstacle. Un dieu du monde du Désir «chargé» d'éprouver les grands mystiques débutants pour les affermir. Voir «Quatre Mâras».

Marques de beauté majeures et mineures 相好 *lakshana-anuvyañjana*.

Mauvaise ère, cinq fois dégénérée : voir « Cinq dégénérescences ».

Méthode 法 : autre sens du mot sanskrit *dharma*.

Moi 我 *aham*.

Meru (Mont), Sumeru 須彌 : *axis mundi* d'un univers à quatre continents dans la cosmogonie indo-bouddhiste.

Monde de la Forme 色界 *rûpadhâtu*.

Monde du Désir 欲界 *kâmadhâtu*.

Monde du Sans-Forme 無色界 *ârûpyadhâtu*.

Nâga 龍 : dragon d'eau.

Nayuta 那由他 : cent milliards.

Néant de la naissance 無生法 *anutpattikadharma* : pour donner toute sa force à l'antidote du réalisme naïf qui gît au fond de toute souffrance. La naissance de l'être, quel soit-il, est logiquement impossible. En revanche, l'apparence est non seulement possible mais elle existe bel et bien, quoiqu'elle soit forcément changeante, fallacieuse et insaisissable.

Neuf raisons de souffrir 九惱處 *âghâtavastu* : « Il/elle m'a nui, me nuira ou nuit ; il/elle a nui, nuira ou nuit à un être qui m'est cher ; il/elle a aidé, aidera ou aide mes ennemis. »

Nirvâna 涅盤, 寂滅 extinction dans la paix : bien faire la distinction entre petit nirvâna (fin du moi et de ses souffrances) et grand nirvâna (l'omniscient Éveil), puis entre nirvâna naturel (la vacuité fondamentale de toutes choses) et nirvâna acquis (la grande libération).

Non-dualité 不二 *advaya* : synonyme de Réel, vacuité, Ainsité, etc. Le non-dualisme n'est pas un monisme, ce que s'efforce de montrer le présent soûtra.

Octuple (noble) sentier 八正道 *âryamârga* : les huit composantes de la voie pratique qui mènent à la liberté absolue, à savoir : la vue juste, les représentations justes, les paroles justes, les activités justes, les justes moyens de subsistance, le juste effort, l'attention-mémoire juste et la juste concentration.

Œil du Réel 法眼 *dharmacakshu* : vision de l'unité des deux vérités — la vacuité en tant que production interdépendante et vice versa.

Omniscience 一切種智 *sarvajñâna* : le Grand Éveil.

Opinion philosophique 見 *drishti*.

Patiences 忍 *kshânti* : douce résignation, puis patience à l'égard du néant de la naissance. Inconcevables sentiments des bodhisattvas, mais sagesse encore imparfaite au regard de l'omniscience impeccable des bouddhas.

Période finale du Dharma 末法

Petit Véhicule 小乘 *hînayâna* : lequel progresse sur la voie des Auditeurs et des bouddhas-par-soi.

Philosophies inexactes 邪見 *mithyâdrishti* : substantialistes et nihilistes.

Pouvoirs magiques 神通 *riddhi* : voir « Cinq pouvoirs magiques ».

Quatre attraits 四攝 *samgrahavastu* : le bodhisattva rassemble autour de lui les êtres en étant généreux avec eux ; en leur disant des choses agréables ; en pratiquant ce qu'il enseigne ; et en adaptant à chacun ce qu'il enseigne et pratique.

Quatre bases des pouvoirs miraculeux 四如意足 *riddhipâda* : quatre formes d'énergie résultant de la volonté, du contrôle de l'esprit, de la persévérance et du raisonnement analytique, permettant la réalisation de prodiges.

Quatre distorsions 四顛倒 *vipâryasa* : considérer comme éternel ce qui ne l'est pas ; considérer comme ayant un soi ce qui n'en a pas ; considérer comme pur ce qui ne l'est pas ; considérer comme plaisant ce qui ne l'est pas.

Quatre Divins Rois 四天王 *mahârâja*.

Quatre efforts corrects 四正勤 *samyakprahâna* : l'effort de ne pas commettre la faute qui n'a pas encore été commise ; l'effort d'effacer la faute déjà commise ; l'effort de bien agir ; et l'effort de mieux agir.

Quatre fixations de l'attention 四念處 *smrityupasthâna* : sur le corps, les sensations, l'esprit et l'intelligible.

Quatre éléments 四大 *mahâbhûta* : terre, eau, feu et air, constituants principiels de la matière (« forme »).

Quatre intrépidités 四無畏 : *vaishâradya* : les bouddhas et les bodhisattvas ne redoutent plus ce qui effraie, métaphysiquement, l'homme ordinaire. Les bouddhas, par exemple, n'ont plus peur de ne pas tout comprendre ; de même que les bodhisattvas ne craignent absolument pas d'expliquer à qui « le mérite » les vérités les plus profondes qu'ils ont comprises et réalisées.

Quatre Mâras 四魔 : le Bouddha donne quatre sens aux nom de *Mâra* : le dieu « diabolique » qui porte ce nom ; les émotions négatives ; les cinq agrégats ; et la mort.

Quatre pensées immensurables 四無量心 *apramâna* : la bienveillance, la compassion, la joie et l'équanimité mises à la disposition de chacun des êtres animés dont la foule comble tous les espaces possibles.

Quiétude 止 *shamatha*.

Racine de bien 善根 *kushalamûla* : acte positif, vertueux.

Rakshasa 羅刹 : monstre protecteur.

Réaliser/réalisation 證 *abhisamaya* : au sens propre de « rendre réel ce qui n'était qu'une idée ».

Recueillement 定 *samâdhi*.

Recueillement d'extinction 滅盡定 *nirodhasamâpatti*.

Représentations 想 *samjñâ*.

Royaume de bouddha 佛國

Rucika (Roca) 樓至 : le dernier des mille bouddhas de la Bonne Ère.

Saisie 攀緣 *âlambana* : réification.

Samâdhi 定, 三昧 recueillement profond, état parfaitement concentré de l'esprit, l'état d'esprit à quoi mène le *dhyâna* 禪 (pâli *jhâna*).

Samsâra 生死輪回 : cercle des morts et des renaissances.

Samyaksambuddha 三藐三佛陀 : authentiquement et parfaitement éveillé.

Schéma habituel 習 *vâsanâ* : imprégnation, habitude.

Sept demeures de la conscience 習 *vijñânasthiti* : catégorisation septuple des êtres vivants. Cf. *Abhidharmakosha*, III, 5-6a.

Sept membres de l'Éveil 七覺分 *sambodhyanga* : l'attention-mémoire, le discernement quant aux méthodes d'accès au Réel, la persévérance, la joie, la souplesse extatique, la concentration et l'équanimité.

Shakra Devendra 帝釋, Indra Seigneur des dieux. *Shakra* est l'acronyme de *shata-kratu*, les « cent types d'offrandes » dont on honorait le dieu des dieux. Cf. « Indra ».

Shâkyamuni 釋迦牟尼 : l'Ascète, ou le Sage, le Silencieux du clan royal des Shâkyas de Kapilavastu.

Shâriputra 舍利弗 : le plus « sage » des proches disciples du Bouddha.

Six vertus transcendantes 六波羅蜜, 六度 *pâramitâ* : vertus que le bodhisattva pratique en vacuité ; à savoir : la générosité, la discipline, la patience, la persévérance, la concentration et la connaissance.

Soi 我 *âtman*.

Soif d'exister 愛 *trishnâ*.

Sources de (la) perception (six) 六入 *âyatana* : les cinq organes des sens et l'esprit 意 *manas*, organe traitant l'intelligible.

Soûtra 經 : nom général des textes prononcés par le Bouddha ou directement inspirés par lui.

Stoûpa 塔 : reliquaire monumental.

Sumeru : voir « Meru (Mont) ».

Terre de bouddha 佛土 : terre pure, paradis. Cf. Lamotte, *op. cit.*, p. 395 sq.

Tathâgata/tathâgata 多陀阿迦度, 如來 : Ainsi-Venu (ssk *âgata*), Celui-qui-*Vient*-de-l'Ainsité, Celui qui A *Réalisé* (ssk *avagata*) l'Ainsité (*tathatâ*), l'a réalisée au sens propre, qui est intégration et pas seulement compréhension.

Toute-pureté 清靜 : voir « Très-pur ».

Transformer : traduction littérale du chinois 化, convertir, œuvrer au bien des êtres.

Trente-sept auxiliaires de l'Éveil 三十七助覺法 *bodhipakshikadharma* : les quatre fixations de l'attention, les quatre efforts corrects, les quatre bases des pouvoirs miraculeux, les cinq facultés, les cinq forces, les sept membres de l'Éveil et les huit éléments du noble sentier.

Trente-Trois Dieux 切利天 *trayastrimsha*.

Très-pur 清靜 *vishuddha* : plus proche de «réel» que de «pur» au sens d'«immaculé».

Trois Joyaux 三寶 : Bouddha, Dharma et Communauté (*sangha*).

Trois poisons 三毒 *visha* : le désir, la haine et l'ignorance.

Trois sciences claires 三明 : trois des six pouvoirs : l'œil divin, la connaissance des autres vies et la fin de tout acte pollué.

Trône de lions 獅子座 *simhâsana* : trône royal soulevé par quatre couples de lions qui font figure de cariatides.

Vérité 法 *dharma* : autre sens du mot.
Vision supérieure 觀 *vipashyanâ*.
Voies extérieures 外道 *tîrthika* : parfois les religions et/ou les philosophies contraires, sinon hostiles, à l'Éveil du Bouddha.
Vue 見 *drishti* : opinion philosophique.

Yaksha 夜叉 : démon famélique hantant les forêts.
Yojana 由旬 : mesure de distance de l'ordre du kilomètre, du mille ou de la lieue.

Table

A propos du « Soûtra de Vimalakîrti »

I. *Les royaumes de bouddha*	7
II. *Les méthodes habiles*	27
III. *Les Auditeurs*	35
IV. *Les bodhisattvas*	57
V. *Mañjushrî s'enquiert de la santé de Vimalakîrti*	75
VI. *L'Inconcevable*	89
VII. *Vision des êtres*	99
VIII. *L'Éveil des Éveillés*	113
IX. *L'accès au Réel dans la non-dualité*	127
X. *Le bouddha Montagne de Parfums*	137
XI. *La pratique des bodhisattvas*	149
XII. *Vision du bouddha Imperturbable*	163
XIII. *L'offrande du Dharma*	173
XIV. *Dépôt du soûtra*	185
Glossaire technique & choix terminologiques	195

Imprimé en France
par Dupli-print à Domont (95)
en septembre 2009
Dépôt légal : octobre 2008
n° d'impression : 129712
35-49-0846-2/07